理想のホテルを追い求めて

ロイヤルパークホテル 和魂洋才のおもてなし

Omotenashi

ロイヤルパークホテル前会長 中村 裕／富田昭次 共著

オータパブリケイションズ

目次

第三章　地元に愛されるホテルとなるために

第五章　料飲が死命を決す

写真提供：ロイヤルパークホテル

プロローグ――「子宝いぬ」のお客様

二〇一三年から、ロイヤルパークホテルのロビーに犬の親子の像が置かれるようになった。その像をよく見ると、どちらの犬も頭の部分が光り輝いている。これまで、多くの人が撫《な》でてきたのだろう。つい先ほども、お母さんと息子さんのお客様が犬の頭を撫でていた。

この犬の像は「子宝いぬ」と呼ばれている。親子の犬の周囲には、干支の文字が刻まれた玉も飾られていて、妊娠した女性が生まれた干支の球を撫でながら祈願すると、安産と子供の無事の成長が叶えられるという。

「子宝いぬ」は、もともと水天宮に置かれていたものだった。

安産の神様として有名な水天宮の社殿は、一九六七年の完成だそうだ。四十六年前の建築である。そのため、今日の耐震性基準を満たすことができず、また、参拝客の中心である妊娠した女性にとって、冬や夏の季節には、待合の環境が厳しくなる状況にあった。それで、これらを改善するために改築を行なうことになり、「子宝いぬ」が移設されたわけである。

それにしても、なぜ、水天宮は象徴的な像の移転場所に、ロイヤルパークホテルのロビーを選んでくださったのだろうか。

その第一の要因を自ら述べるのは口幅ったいことだが、ホテルへの信頼にあったのではないだろうか。

ロイヤルパークホテルは、二〇一四年六月で開業満二十五周年を迎える。その間、バブル経済が崩壊し、リーマン・ショックに襲われ、東日本大震災に見舞われた。経済界では「失われた二十年」と言われるが、まさに厳しい経営環境の中で営業を続けてきた。そうした苦しい環境下にあっても、一時《いっとき》も忘れなかったのは地域密着の精神だった。

このホテルを開業させるために東京ヒルトン・インターナショナル（現・ヒルトン東京。以下、東京ヒルトンと略す）から移籍してきた私は、周囲の環境を見て、地域密着の営業方針を立てた。長年のその努力が実り、水天宮はロイヤルパークホテルを信頼して、大切な「子宝いぬ」を預けてくださったのではないだろうか（なお、新社殿が完成する予定の二年後には、「子宝いぬ」も元の場所に戻ることになる）。

ちなみに、ロイヤルパークホテルの神殿には、水天宮の神様が祀られており、ホテルの結婚式場になっている。

水天宮と指呼《しこ》の距離にあるので、ロイヤルパークホテルに参拝のお客様が宿泊することも少なくない。ある日、こんなことがあった。

ある妊婦のお客様が少し体調を崩した状態でお見えになった。当初の計画では、一泊された後、ご主人と参拝するご予定だった。しかも、その翌朝は、朝食会場から水天宮の混雑ぶりが見え、ご主人が奥様に「またにしようか」とおっしゃった。

それを聞いた女性スタッフはお気の毒だと思った。折角いらしたのだから、体に無理のない範囲で何とかご案内できないだろうかと考えた。

そこで、彼女は水天宮に電話をかけ、混雑状況を問い合わせて、ご夫婦に空いている時間帯をお伝えした。ご夫婦は昼過ぎまでラウンジでゆっくり過ごされ、それから水天宮にお出かけになった。チェックアウトの際、ご夫婦は大変お喜びになっていたという。

私は、前にも述べたように、長年ヒルトンホテルで働いた後、このホテルを開業させるために移籍した。そのとき私は、「和魂洋才」によって理想のホテルを築くことを目標に置いた。

ヒルトンは、ご存じの通り、世界中にホテル網を張り巡らせている。その運営手法の第一は、合理主義だ。まさに理に適《かな》った合理的な考え方を貫いて、それぞれお国柄の違う場所でホテルを運営してきたのである。逆に言えば、世界的なホテル網は、合理的な運営手法があったからこそ、実現できたのである。

私はヒルトン在籍中にその運営手法を学び、理解し、自家薬籠《じかやくろう》中のものとした。そして、日本人で初めて東京ヒルトンの総支配人の地位に就くことができた。その職で業績を残していけば、私の地位はさらに上がり、もしかしたら、ヒルトンの東アジア地区辺りの社長の座を得られるかもしれない、と夢見たこともあった。

だが、そんな夢想を自ら否定する日がやって来る。一八〇度異なる職場環境に飛び込んで、東京・人形町に程近い箱崎、言ってみれば、下町のホテル計画に携わることになるのである。

では、私が思い描いた和魂洋才にもとづく理想のホテルとは、どういうものだったのか。

それは、完成したのだろうか――。

第一章　下町の国際ホテル、誕生す

ロイヤルパークホテルのロビー

私の人生を変えたお誘いの言葉

その日、私は館内を隅々まで見回っていた。飾られた絵は曲がっていないだろうか。ごみは落ちていないだろうか。備品は決められた場所に収まっているだろうか。一つひとつ確認しながら、前にも同じことをしていたなと思い出しながら、最上階から順に階下へと降りていった。

一九八九年六月一日。夜が明けようとしていた。あと五時間もすれば、いよいよ開業だ。二、三時間は仮眠が取れるだろうか。腕時計を見ながら、仮眠室へと急いだ——。

その二年前、私は、新宿に建設されたホテル、東京ヒルトンの総支配人室で、客人を迎えていた。このホテルを設計監理した三菱地所の総務担当者お二人と相対していたのだ。はじめ、私は、真新しいホテルの使い勝手を尋ねられるのだろうと気軽に考えていた。が、その予想は外れた。

当時、三菱地所は、東京の箱崎でホテル計画を進めていた。箱崎と言えば、新東京国際空港（成田空港）の玄関口である東京シティ・エアターミナル（ＴＣＡＴ）のあるところで、その隣にホテルを建てようという計画だった。

ＴＣＡＴとは、当時は航空旅客のチェック・イン業務を行なうとともに、空港送迎バスのターミナルを運営する施設であったが、付帯する宿泊施設がなく、その課題の解決が議論の的になっていた。

そういう背景があって、お二人は訪ねてこられたのである。相談内容は、今後のホテル経営の在り方に及び、私はこう答えた。

「私は長年ヒルトンに在籍して、ヒルトンの運営手法を学んできました。その合理主義的な考え方は、とても素晴らしいものです。ただし、御社は日本の企業ですから、ヒルトンのような運営手法に、日本人特有のおもてなしの精神を加えていけば、これまでに見られなかったホテルが出来上がり、成功する確率は高まるのではないでしょうか」

それから程なくして、もう一人の訪問を受けた。当時の三菱地所の副社長で、ホテル会社の会長を務めていた藤井立《たつ》氏だった。藤井会長のお尋ねも、前のお二人と同様だった。

私の印象では、藤井会長は、私の持論を確かめたかったように思えた。もしかしたら、私の持論に意外性を感じ、疑問を抱いたのかもしれない。アメリカ流の合理主義と、日本流のおもてなし。全く結びつかないこの二つのものを融合させることなど、果たしてできるのだろうか、と。中村というホテルマンは、一体何を考えているのか、その真意を探ってみようと思われたのではないだろうか。

その藤井会長の訪問が私の人生を変えた。やがて、こういうお誘いを受けたのである。

「わが社に来ませんか。いや、中村さんが考える理想のホテルをぜひ、つくっていただけませんか」

この依頼に、私は当惑し、迷い、そして、真剣に考えた。すでに拙著『ホテルの基本は現場にあり!』(柴田書店発行・二〇一〇年)でも書いたように、ヒルトンは長年にわたって私を育ててくれた。非常に多くの貴重な体験の場を与え続けてくれたのである。これらに対して、言葉に表わしきれないほど感謝の念を抱いていた。愛社精神も人並み以上に持っているつもりだった。

だから、このお誘いの言葉は、いわば青天の霹靂《へきれき》だった。

ところが、その言葉が体に、そして頭に染み通っていくにしたがって、一つの考えが浮かび上がってきた。私が藤井会長に話した持論を形にすることができたら、本当に素晴らしいことに違いない。私自身がチャレンジしてもいいのではないだろうか。そして、これまで蓄えてきたノウハウを日本のホテル業界に、恩返しという形で生かすのもいいのではないだろうか、と。

私は悩んだ末、移籍することに決めた。

ビジネスホテル向きの立地と判断されて

一九八八年四月、私は三菱地所に入社し、翌年に完成するホテルの総支配人を拝命した。と、簡単に書いたが、実は、ホテルの名称やコンセプト、施設内容など未確定の部分が多く、課題は山積みの状態にあった。開業までの一年二ヵ月の間に、膨大な未決事項を解決していくことになった。

まず、この段階で最も重要なコンセプトの策定だが、私が入社する前にある大手広告代理店がフィジビリティ・スタディを行なっていて、「この立地条件では、室料が五千円以下のいわゆるビジネスホテルしか成り立たない」と評価した。

私はこれを読んで、本当にそうだろうかと疑った。ＴＣＡＴがあるものの、周囲は下町風情が濃厚な土地柄だ。だから低廉なビジネスホテルがふさわしい、そんな見方で、この結論を導き出したのではなかろうか、と。

これは後に知ったことだが、日本橋・人形町界隈の人々の間では、「水天宮以南には、人はあまり足を踏み入れない」と言われていた。

確かに、それまではそうだったのかもしれない。だが、私の目には、この場所の未来に大きな可能性がほのかに見えていた。

ヒルトンでは「ホテルは、ロケーションに始まり、ロケーションに終わる」と言われてきた。つまり、一にも二にも立地が重要であるということだ。立地条件を吟味する目には、大変厳しいものがあった。

そうした中で、私はヒルトン時代に、新宿をはじめ、沖縄、大阪、東京ベイ（舞浜）、名古屋の開業に携わってきた。グアムやソウル、マニラでも立ち上げに関わってきた。それだけに、ホテルの立地条件を見る目には自信があったのだ。

私は、この調査結果を見て発奮した。藤井会長に「もう一度、調査させてください」と懇願し、実行した。その結果、得たのは、前回とは正反対の結論だった。

再調査で高級ホテルの可能性が見えてきた

箱崎（ホテルの住所を正確に言えば、日本橋蛎殻町となるが）は、地図を見ればお分かりの通り、東京駅から直線距離にしてわずか二キロの地点にあった。つまり、世界のビジネスマンが集まる丸の内や大手町から近いというのは、高級ホテルにとって大きな利点になるものだ。

また、金融・証券の中心地である日本銀行や兜町とも徒歩圏内の距離にあり、馬喰、横山、大伝馬、小伝馬、堀留といった問屋街も近くに控えている。至近距離の範囲で言えば、ＩＢＭ（就労人口が五千人と言われたＩＢＭ箱崎ビルで、完成はホテルと同じ八九年）といった外資系企業などの進出も目を引く。

こうした一目瞭然の好条件に加えて、すぐ近くを流れる隅田川沿いも大川端地区などで再開発が進み、ホテル開業翌年の九〇年秋には地下鉄半蔵門線が水天宮前まで開通することになっていた。そうなれば、地下鉄駅と直結し、利便性が格段に高まることになる。

さらに、半蔵門線が延伸すれば、後背地として大きな市場を抱える千葉県からのアクセスが良くなることも好材料となる（※）。千葉圏内の結婚披露宴などの需要を取り込めると予測できるからである。

私は、こうした事実を述べ、経営陣に前回の調査結果との違いを指摘して、こう言った。

「赤坂や新宿と比べても、遜色のない立地条件です。いや、それ以上と言えるでしょう。いまご説明したさまざまな好材料が高級ホテルの可能性を確実に示していると思うのですが、いかがでしょうか」

実は、経営陣も当初は、おぼろげながら、ある程度の高級ホテルを想定していたようであった。しかし、先の調査結果を無視するわけにもいかず、方向性を定めることができないでいた。そんな状況であっただけに、私の分析は経営陣のわだかまりを一気に消し去ったようだ。

「なるほど、中村さんの言う通りだ。国際級のデラックスホテルでいこう」

このようにして経営陣の意見が一つにまとまると、私は、それまでビジネスホテルを想定して描かれていた設計図面を書き換えてもらった。客室二室を一部屋にまとめて広くし、スイートルーム七室（合計九室）を新たに設けるように指示した。

そして、コンセプトを表現するキーワードを編み出した。「ユニーク&デラックス」である。と同時に、客層については、二本の大きな柱を立てた。ビジネス・エグゼクティブと地域の人々である。国内外の役員・幹部クラスのビジネス客を獲得していく一方で、地域密着を図ることにしたのである。

こう説明すると、読者諸兄の中には、矛盾を感じる方もいるかもしれない。全く対照的な客層を同時に取り込めるのか、と。

ところが、これこそがロイヤルパークホテルの特質なのである。ビジネス・エグゼクティブと下町の人々というように、一見不釣り合いに見えるが、裏を返せば、下町だからこそ最も求められていたのが、これまでになかった高級ホテルだったのである。

下町の中の国際級デラックスホテル――この前代未聞のホテルを成立させようというのが私の狙いなのであった。

※　半蔵門線は〇三年に押上駅まで延伸。その一つ手前の錦糸町駅ではJR総武線錦糸町駅と乗り換えが可能となり、千葉方面からの距離感も格段に縮まった。

ユニーク&デラックスの意味とは

高級路線で進めることはよしとしても、例えば、歴史のある御三家（帝国ホテル、ホテルオークラ、ホテルニューオータニ）と同様のホテルづくりをしていては、お客様の注意を引くことができない。つまり、差別化を図ることができないわけである。

一方、お客様の視点から見れば、既存のホテルとの違いがないと、長年利用してきたホテルを変える必要性も生まれない。その意味でも、存在感を示すことができない。

そこで、私は独創性を重視する意味合いから「ユニーク&デラックス」という言葉を、ことあるごとに口にして、ホテルづくりに反映させた。

具体例を一つ示そう。浴室の備品であるアメニティ・グッズは、今日ではホテルの個性を表現する有力な手段の一つになっているが、私はこれを充実させることにした。ことに女性客を意識し、マニキュア用の爪やすりや化粧用コットンなどを一つのキットに収めて用意した。当時、都内ホテルのアメニティ費用の平均値が約千円弱だったところ、千八百円ほどかけて準備したことになる。

では、なぜ、アメニティに着目したのかと言えば、ヒルトン時代、香港やシンガポールに出張でたびたび訪れていて、現地のホテルでアメニティの高級化が進んでいるのを目にしていたからだ。

当時、ホテルのトレンドを生み出していたのは、もはや欧米ではなく、香港やシンガポール、バンコクといったアジアの大都市だった。だから、日本にもアメニティの高級化の時代が来ると予測して、先手を打ったということなのである。

力を注いだエグゼクティブ・フロア

客室部門で、もう一つ例を示そう。

当時、日本のホテル業界では、ヒルトンなど外資系ホテルでしか見られなかったエグゼクティブ・フロアを、邦人系ホテルで初めて設けることにした。先ほど述べた客層の一つの柱であるビジネス・エグゼクティブに対応したものだ。

このフロアは、航空業界で言えば、ファースト・クラスに相当する。専用デスクでチェック・インしていただき、専用ラウンジでは、朝食やソフトドリンク、カクテル＆オードブルを無料で楽しんでいただくというものだ。商談などもラウンジで自由に行なえるように開放している。

こういう特別階は、欧米ではすでに広まっていて、ビジネス客の獲得に役立てていた。料金は通常階の二割増くらいになるが、それでも、ここ東京においても十二分に利用されるに違いないと見込んだ。それで、三フロアの客室をこれに充てた。

また、先に挙げたサービスだけでなく、内装の面でも通常階と異なるデザインを施した。その一つが廊下である。少し無機質に感じられた当初の設計案を修正してもらい、お客様には期待感を持っていただけるようにしつらえた。

例えば、両側の壁には腰板をあしらい、照明においても両側の壁にはブラケット灯を備え付け、天井にはシーリング・ライトを付けて、暖かみが感じられるようにした。要所要所にはホール・テーブルを置いて、その上には絵を飾り、ピンスポットの照明を当てた（なお、廊下の内装は、通常階においても、順次高級化の方向へ改装していった）。

そして、客室内のデスクランプを九谷焼（※）で制作した。三種類のデザインで作り分けてもらったが、お客様からは問い合わせがあるほど、出来栄えが良かった。

さて、結果はと言えば、大成功だった。このフロアから予約が埋まっていった。欧米のビジネスマンは、このフロアならば、理想のホテル生活が送れるということをよく知っていたのである。

そして、稼働率が高まり、予約に対応しきれなくなると、徐々にフロアを増やしていった。そのたびに、専用ラウンジを拡張したものである。

最終的には、全フロアの半分をエグゼクティブ・フロアに充てるまでになった。このようなホテルは、ほかにはあまり見られないのではないだろうか。

※　この九谷焼スタンドは、後に客室を改装した際、これをお客様にお譲りしようということで、「九谷焼スタンド付き宿泊プラン」を企画したところ、予約が殺到した。お申込みいただいたお客様からは、「あの九谷焼スタンドは前々から素晴らしいと思っていた」、「宿泊したことはなかったが、インターネットで見て気に入っていた」などの声を頂戴した。

本物志向を目指した料飲施設

「ユニーク&デラックス」の「ユニーク」の一例が前述の通りとすれば、もう一方の「デラックス」についても、説明しておく必要があろう。

「デラックス」、それはつまり、本物志向と言い換えることができる。

まず、ホテルの味を代表するフランス料理レストラン「パラッツォ」については、当然フランス人の料理人を招聘したが、内装デザインも、パリを拠点に活動するオガワ・フェレ・デザイン事務所が手がけた。最高のフランス料理を提供するにふさわしい、本場フランスの雰囲気を再現できるデザイナーということで依頼したものである。

装飾にはフレスコ画があしらわれることになったが、これについては、ヨーロッパから職人を五人ほど招聘し、二週間で仕上げてもらった。

調度品についても本物志向を貫き、私がパリまで出向いていって、同伴したデザイナーとともに選んだ。

食器については、フランス・リモージュ産のショープレートを中心にして、ノリタケに色やデザインをそれに合わせて作っていただいた（なお、宴会用についても、ゴールド・リム＝金の縁取り＝を基本スタイルとして、ノリタケに一括発注して統一感を持たせた）。

和食堂（「源氏香」）については、多くのホテルがテナントを入れる中で、ホテル直営とした。持論として、ノウハウがなければ、テナントもやむを得ないが、運営上、まれに支障を来たすことがある。私は、ヒルトン時代から直営を経験してきたので、このことで迷いはなかった。

また、こちらの設計・内装デザインでも本物志向を目指した結果、著名な建築家・今里隆氏（※1、杉山隆建築設計事務所代表）に依頼することができた。今里氏は、日本建築の権威・吉田五十八《いそや》氏に師事した方で、完成度の高い和食堂を作ってくださった。

その「源氏香」において、藤井会長から「素晴らしい日本庭園を配したい」との提案があった。そこで、実績も豊富な岩城造園（※2、現・株式会社岩城）に作庭を依頼、見事な日本庭園を実現することができた。

さらに、庭園の存在を生かすために、園内には茶室を設けることで、本物志向を追求した。その茶室は、世田谷区岡本にあった岩崎家ゆかりの静嘉堂文庫の茶室「釣月庵《ちょうげつあん》」を模したもので、「耕雲亭」と名付けたが、ここでも本物志向を目指したのである（「釣月庵」は現在、開東閣に移設されている）。

なお、この茶室は、八九年十月七日付けの読売新聞に紹介された。「ホテルに今　茶室ブー

日本庭園内に設けられた茶室「耕雲亭」

ム」という見出しで、「柱と床がまちが京都・北山産杉、天井は富山・黒部杉にへぎ板を用いた網代《あじろ》形式と凝った造りだ」などという一文とともに、外観や内部の写真も掲載された。

和食堂の装飾用の焼き物については、有田焼を求めて藤井会長と現地へ足を運び、先代の源右衛門氏にお会いした。非常に協力的で、壺や皿、陶板などを破格の料金で譲ってくださった。ここでも本物志向を追求できた。

※1　今里氏は最近、歌舞伎座の建て替えで、劇場監修を担当された。

※2　岩城造園を設立された岩城亘太郎（せんたろう）氏は、名造園家・小川治兵衛氏の甥に当たる。なお、治兵衛氏は、後に触れるが、ロイヤルパークホテルが運営を手がけることになる国際文化会館の庭園を作庭した方である。

鉄板焼を料飲施設の中核に据える

そして、ここで特筆しておかなくてはならない料飲施設がある。鉄板焼「すみだ」である。鉄板焼をレストランの中核に位置付けて開発し（開業時、カウンター席と個室、デザートコーナーで構成）、ロイヤルパークホテルと言えば鉄板焼、鉄板焼と言えばロイヤルパークホテルと見なされるようになることを目指した。

その理由として、鉄板焼は外国人にも日本人にも人気があるということ、また、焼き手がサービスも行なえるので、効率運営が可能だということが挙げられる。また、ホテルの料飲施設としての鉄板焼に将来性を感じたことも大きな要因だった（当時、ホテル内の鉄板焼はまだ少数派であったが、九〇年代に入って流行を見せるようになった。フランス料理レストランの代わりに鉄板焼を設ける新規ホテルも登場したほどだ）。

こういう背景があって、鉄板焼に力を入れた。焼き寿司など独創的なメニューも開発し、フランス料理のコース料理を手本にメニューを組み立て、ワインセラーも設けた。

こうした取り組みもあって、鉄板焼「すみだ」は人気を獲得した。これは後の話だが、デザートコーナーを削減して個室を増やし、ワインセラーも拡充するまでに至っている。

なお、十ヵ所を数えることになる料飲施設の中で、ただ一つ、テナントとしてお願いした施設があった。すし処「はま田」（現在は「日本橋　矢の根寿司」）がそれだ。これには、特別な理由があった。

ホテルの敷地内には区道が走っていて、移動させなければ、建設できなかった。

この移動に尽力してくださったお一人が、当時㈱明治座（※）の社長を務めていた三田政吉氏だった。明治座と言えば、この地域の顔であり、三田氏は街づくりに貢献していた。また、明治座は料亭などの飲食店も経営している。こういうことがあって、三田氏に出店をお願いしたのである。

三田氏には、ホテル開業後も何かと応援していただいた。大きな力をいただけたと思っている。

※　一八七三年（明治六年）に喜昇（きしょう）座として開場。明治座と改称されたのは、それから二十年後、一八九三年のことである。現在の建物になったのは一九九三年。

設計やデザインも大いに議論して

ところで、ホテルの設計やデザインについて、日本のホテルは、建設会社や設計者に任せきりの傾向が強かったように思う。彼らと対等に話し合える知識や見識、経験がホテル側に足りなかったからだろう。

しかし、私が在籍したヒルトンでは、基本設計からデザインまで、ホテル主導で決めることができた。まず、オペレーションを優先し、その上で快適性や装飾性を考慮に入れて設計を進めるようになっていたのである。実際、旧東京ヒルトンの設計は、ヒルトンのチーフ・アーキテクト、エマニュエル・グラン氏が主導的立場にあった。

そうした企業風土で育っただけに、私は設計者と意見を交わしながら、客層に見合った理想のホテル・デザインを追求することができた。

先に述べたエグゼクティブ・フロアの廊下や客室内の装飾もそうであったが、バーを含めた料飲施設に、個室を設けるように依頼したのも、その流儀からであった。主たる客層であるビジネス・エグゼクティブには、商談や接待の場が欠かせない、だから、個室が必要だと、注文をつけたのであった。

後に、ホテル業界では、料飲施設に個室を設ける傾向が強まったが、これはその先駆けと自負している。

また、ロビーは当初、全面大理石張りの案が出されていたが、柱や壁には木を用いて暖かみを持たせるようにした。ロビーは温もりが感じられるものであるべきだという考えを述べた結果だった。

細かいところでは、バーやラウンジにおけるカウンターの高さにも配慮した。

例えば、カウンターの高さと一般席の高さの関係性を考えないで設計した場合、一般席に座ったお客様は、カウンター席のお客様の腰の部分を見なくてはならない可能性が生じる。また、バーテンダーの立ち位置を計算しないで設計した場合、カウンター席や一般席のお客様を見下ろしてしまうことになる。

このようなことも私の方から、注意すべき点として述べた。つまり、カウンター席ならびに一般席の高さはお客様の目線を考えて設計すること、バーテンダーが立つカウンター席の裏の部分は、やや掘り下げた形にし、お客様とバーテンダーの目線の高さが同じになるように設計すること、などの意見を述べた。

幸い、設計チームには、旧知の仲であった観光企画設計社の社長・柴田陽三氏が加わっていたので、私の意見に対しては賛同が得られることができた。

柴田氏は、新宿や大阪のヒルトンも手がけており、また、国内・国外で数多くのホテル設計に携わってきた人物である。それだけに、意思の疎通を図るのが容易だったとも言えるだろう。

こうして決まったロビーのシャンデリア

その柴田氏の紹介と記憶するが、ロビーの大切な要素となる照明デザインは、この分野の先駆者である石井幹子《もとこ》さんを起用した。ただし、その形についても議論があった。具体的に言えば、雪洞《ぼんぼり》のような形の照明器具を吊り下げる案が出て、それに賛成する声が上がっていた。

私は、それに異を唱えた。そのような形では、お客様にすでに存在するホテルを連想させてしまう。それは避けるべきだと思い、天の川をイメージしたシャンデリア（現在の形）を支持した。

しかし、シャンデリアの形で了承を得るには、それなりの理由が必要だ。思い巡らせていた私は、ふと、近くを流れる隅田川の存在に気付いた。隅田川に天の川。「これだ！」と思った。これこそ、地域と一体になった形だ。

私の説明に、いわゆる〝雪洞賛成派〟も納得してくださった。

開業後、この、豪華で繊細な輝きを見せる天の川のシャンデリアは評判となった。シャンデリアを推した私は安堵し、心は満足感で満たされたものだった。

なお、石井さんとは、後日、ＰＲ誌で対談をさせていただいた（九〇年九月号）。そのとき、石井さんはこう語っている。

「今までにないデザインで、しかも模型が作りづらいものでしたから、イメージをお伝えするのにちょっと苦労いたしました。確か三案デザインをお出ししたんですよね。その中であれが一番難しかったんです。当時は内心当惑したんですよ。大変なものをお選びになったと（笑）」

そのご苦労の甲斐もあって、このシャンデリアは、照明学会がその年の優れた照明施設に授与する照明普及賞を受賞した。

紆余曲折があった名称決定

私が入社する前は、多くのことが決められず、保留状態になっていたことは前にも述べた。私は、ヒルトン時代で身についた即断即決の構えで決断を下していった。それができたのは、経験があったからだろう。周囲の者は、私の仕事ぶりを見て驚いたかもしれない。

その未決事項の中には、ホテルの名称もあった。いくつかの候補が上がっていて、三菱の名を入れる案もあった。私はその案に疑問を呈した。ホテルは一種の公共施設である。企業名を出すと、抵抗感を覚えるお客様もいる。それはやめた方がいいのではないかと、経営陣に進言した。

また、案の一つにマリオットの名もあった。実は、マリオットとの契約内容のドラフト（草案）も出来上がっていて、契約締結は時間の問題という段階にあった。

私は、これにも疑問を感じた。私の移籍は、自分に運営ノウハウがあるとの自負があればこその行為であった。したがって、マリオットとの契約は不要ではないかと思ったのである。

私は「契約は白紙に戻すべきではないでしょうか。私が交渉に行くことにやぶさかではありませんが」と、藤井会長に進言した。そして、三菱地所が紹介してくれた国際法の弁護士に相談して理論武装し、藤井会長とともにマリオットの本社があるワシントンへ飛んだ。

「ここまで話が進みましたが、方針が変わり、自社で運営することになりました。契約を白紙に戻したいのですが」

開口一番、私は、来訪の目的を単刀直入に告げた。すると、マリオットの契約担当副社長は、こう答えたのである。

「分かりました。また機会があれば、一緒にやりましょう」

この言葉を聞いて、胸を撫で下ろした。案ずるより生むが易し、である。と同時に、世界的なホテルチェーンの度量の大きさに感銘を受けたのだった。

厚木のホテルの存在に注目して

さて、こうして重要課題を解決して帰国したはいいが、問題はまだ残っていた。名称をどうするか、である。

私は、三菱地所が一九八六年十月に開業していた厚木ロイヤルパークホテルの存在に注目していた。このホテルは、その十四年前に三菱地所が取得した土地に建設されたものだ。同地は小田急線本厚木駅から近く、さまざまな有効利用が考えられるため、確保された土地だった。そして、厚木市が発展する中でホテル不足が生じることになり、三菱地所が全額出資子会社による直営方式でホテル経営に臨むことになったのである（なお、ノウハウの不足を補う意味で、第一ホテルと技術援助契約を結び、当面の人員派遣と技術指導を依頼している）。

そのホテルが好調な業績を上げていた。百五十七を数える客室の稼働率は、九〇年度に九〇・四％を記録している。大小合わせて十五の宴会場を備えるなど宴会機能も充実、婚礼も三百六十五件実施しているほか、開業した年の十一月には、六都県首脳会議、いわゆる首都圏サミットが開かれており、「厚木の迎賓館」と評されるなど、開業間もなくから大きな存在感を示していた。

私はこの「ロイヤルパーク」の名を利用するべきではないかと思い始めていた。成功を収めた厚木と同名にすることで、一つの統一されたブランドを形成することもできるといったメリットも考え、経営陣には「ロイヤルパーク」とするといいのではないかと自分の意見を述べ、最終的にこれに決定した。

バラのつぼみが意味するもの

名称が正式に決定すると、その次に行なったのは、ロゴマークそのほかグラフィック・デザイン関連やサインの制作である。

依頼したのは、八四年にインターナショナルデザインアソシエイツを設立した巻波萬里《まきなみまり》さんだった。ロイヤルパークホテルの高品位なイメージを表現していただくために、彼女をクリエイティブ・ディレクターに起用した。

巻波さんは、日本女子大学を卒業後、渡米し、世界的に活躍したデザイナーである。七六年の米国建国二百年記念や翌年の世界フィギュアスケート選手権大会のシンボルマークの開発など、実績も豊富な方で、ロゴマークの出来栄えも期待通りとなった。

完成作品を改めて説明すると、書体は、人々に「心温まる何か」を感じさせるイメージで創作していただき、中央に〝ホスピタリティ・フラワー〟を配して、注目度や認知度を高める工夫を施した。

その花は、バラのつぼみをデザインしたもので、無限の可能性を秘めた若々しさが表現されている。これから花を咲かせていくといった未来志向のデザインであると同時に、上品さや暖かさ、優しさといったイメージを醸し出すような図案である。

開業後もそのイメージが保たれるように、巻波さんには色みや書体を厳密に決めていただき、責任者がしっかり管理するように努めた。いま振り返れば、巻波さんが制作した優れたロゴマークのおかげで、統一したイメージづくりもスムーズに行なえたと思っている。

寄り合い所帯の人心を掌握するために

ホテルが新規に開業するとき、経験者を採用することが少なくない。新卒者や未経験者については開業準備期間中に教育することができるが、ただし、その時間は限られる。ホテルは、一旦開業すれば二十四時間・年中無休営業となるので、どうしても経験者を多く採用する必要に迫られるわけだ。

ロイヤルパークホテルにも当然ながら、経験者が多数集まってきたが、私はここで、大きな組織を一つにまとめる苦労を初めて経験した。

振り返ってみれば、永田町から新宿に移転した際、新しいヒルトンには永田町時代の経験者がかなり多く入社してきた。およそ七百人のうち約半数が私とともに移籍してきたのだ。いわば「同じ釜の飯を食ってきた」従業員がこれだけいると、改めて一つにまとめる労力は、それほど必要ではなかったのである。

では、いかにして「寄り合い所帯」の人心を一つに掌握していったのか。

まず、前述のコンセプトである「ユニーク＆デラックス」を全従業員に浸透させるように努めた。

私の入社前、明確なコンセプトを打ち出せておらず、立地条件の分析も不十分に終わっていたことは先に述べたが、この状態では、従業員が不安を抱くのも無理はない。

そこで、私は「独創的な高級ホテルをつくろう」と言って、プライドを引き出し、一体感を盛り上げた。

例えば、中間層のスタッフを集め、「ユニーク＆デラックス」実現化の具体策をブレーン・ストーミング風に話し合ってもらった。ある種、夢を語り合う場になったが、それが出身ホテルの異なるスタッフの心を一つにまとめていったのである。

また、それと同時に、「ベスト・フォー・ザ・ゲスト（お客様に最善を尽くす）」の理念を策定し、それを前面に掲げて、ホテルが目指す方向をはっきり示した（詳しくは後述）。

中間管理職の意識を変えることの難しさ

組織の組み立て方は、ヒルトンに習い、単純明快にした。総支配人をトップに、その下に各部門長を配した。往々にして、日本の企業は総務・人事が重要な位置を占める場合があるが、ここでは、あくまでお客様に直接接する現場のサポート役に徹してもらい、現場の意見が通りやすい体制に整えた。こうした明快な組織づくりも人心掌握に役立ったのではないだろうか。

ただ、こうした方策を打ったのにもかかわらず、意識の変わらない中間管理職がいた。実際に、お客様には「◎◎ホテルにいた△△です」と挨拶する者もいたのである。

出身ホテルで実績を残し、前のホテルの看板を背負ってやってきたような意識があったのだろう。かつての成功体験から、自分の考え方が正しいのだという固定観念に支配されていたようでもあった。あるいは、その当人は、ロイヤルパークホテルの社員としての自信がなかなか持てなかったということも考えられる。

こうした中間管理職は、開業して七年ほどでまとまりを見せるようになった。彼らへの教育が行き届くようになったからだ（なお、この七年間が短いか長いかは判断の分かれるところだろうが、新規ホテル開業の難しい一面を知っていただくために、敢えて述べた次第である）。

その教育とは、「ミドルマネジメント研修」という名称で、半年間のコースとして実施したものである。古巣のヒルトンでは同様の研修が二ヵ月間であったから、期間の長さは、業界でも随一であったろう。

具体的には、机上の研修では身に付かないので、講習は八日間に留めた。したがって、研修の中心は現場での業務においてである。課題を与え、マンツーマンで指導を行なった。修了となれば、証書を贈り、パーティを催し、集合写真まで撮った。一体感を持ってもらうためである。

だが、研修はこれで終わりではない。修了者には、次は部門別利益率などで次年度の目標を出してもらい、その達成度を上司と総務と私が半年ごとに確認し、給与に反映させた（※）。研修と目標管理制度を合せて、意識を改革させていったわけである。

※　一九九九年には給与体系も改定し、成果重視の色合いを強めた。

ROEという一つの指標を維持するために

ミドルマネジメント研修に話題が及んだので、併せて述べておきたいことがある。開業八年目からは係長や主任クラスを対象に、やはり半年の期間でジュニアミドルマネジメント研修を始めたが、その背景には、さらに意識改革を進めたいという狙いがあった。

なぜならば、一つの指標を維持しようと考えたからである。その指標とは、ROE（Return on Equity）、株主資本利益率である。産業界では、売上よりも利益、そして株主重視の傾向が強まり、注目されるようになった指標だ。

例えばホテル業界で言えば、いいホテルを創造できても、利潤を確保できなければ、事業を継続することはできない。

そこで、予算管理の頂点に株主資本利益率を据えることにした。ROE五％を基準にして、そこから逆算してすべての予算を組み立てていったのである。

ただし、会社がこう決めたとしても、社員がその予算に対して意識が向かわなければ、目標は画餅《がべい》に帰してしまう。ここで触れた研修は、予算管理を徹底させる目的もあって実施したわけである。

第二章　バブル経済崩壊の苦難に立ち向かう

エグゼクティブフロア・ラウンジ（旧）

バブル経済の絶頂期から崩壊期へ

一九八九年六月一日、ロイヤルパークホテルは四百五十室（※）の規模で開業した。

その年、日本は新しい時代を迎えていた。一月七日に昭和天皇が崩御し、翌八日には平成に改元され、四月一日には消費税が導入された。十二月二十九日には、東証平均株価が三万八千九百十五円を記録、バブル経済の絶頂期を極めていた。

ホテルの業績は開業景気もあって、株価と同様、上昇の一途を辿った。いや、初年度（翌年三月まで）ばかりでなく、二年目（九〇年四月〜九一年三月）も三年目（九一年四月〜九二年三月）も、右肩上がりの軌跡を描いた。その三年目は、売上高が百五十三億三千万円と、最高潮に達した。予算をクリアできない月がないほどの盛況だった。

この好景気を支えてくれたのが、近隣の証券会社だった。株の商いが活発になればなるほど、証券会社はホテルの料飲・宴会施設を大いに利用してくださった。ホテルは文字通り、バブル経済の渦中にあったわけである。しかし、この状態は長続きしなかった。

開業三年目の九一年。四大証券会社が巨額の損失補填を行なっていたことが発覚、証券業界が信用を失うという事件が起きた。

その背景には、株価の下落があった。バブル経済の崩壊である。その前年の九〇年十月一日には、株価が二万円台を割り込み、九ヵ月で最高値の半値に下落してしまった。以後、低迷が続いて、その影響は証券業界のみならず、経済界全体に及んだことは周知の通りだ。

ホテルの売上高は、四年目の九二年度には前年比七・一％も下落した。さらに、五年目の九三年度には、同五・三％の減少を余儀なくされた。

このような減収傾向は、今後も続くだろうと予測することができた。そこで、私は早速、手を打つことにした。いわゆるリストラクチャリング（事業の再構築）である。

※　後に客室数は四百六室となった。一部の客室を、外国人客の要望に合わせて二室を一室に合体させ、拡張工事を行なった結果、総客室数が減少した。

いち早く着手したリストラ策

私は、九三年一月発行の社内報の年頭所感で、社員にこう呼びかけている。

「今回の不況はどうやら、持久力ばかりで乗り切ることは難しいようです。ホテルは人的サービスによって成立するサービス業ですが、この不景気と既に始まっている労働人口の減少、並びに人件費の高騰から、主幹である人的部分の再分析・再構築、あるいは生産性の向上が急務となっています。また収入となる宴会、宿泊、レストラン・バー各部門の需要の洗い直しが必要となってきました」

社員にはこのように説明し、リストラ策の必要性を説いたのである（なお、リストラと言えば、いまでは一般的に解雇と同義語のように解釈されるが、ロイヤルパークホテルの場合は、本来のリストラであり、解雇は一切考えなかった）。恐らく、ホテル業界では、早い段階での発言であり、実行となった。これは後の話になるが、各ホテルが着手し始めた頃には、私どものホテルは一段落していた状況だった。

では、当時の結果を述べよう。九四年度の売上高は前年比四・六％減になったものの、経常損益は、前期に七億八千万円の赤字だったものが、最終的には千三百万円の黒字に転換した。なぜ、これほどの改善を果たすことができたのか。

方策の一つは、人員を、従来外注していた仕事に振り向けるとともに、自社で手がけていた部分をさらに効率化させたことにあった。例えば、九三年度以降、一般清掃部門を手始めに、駐車場管理などを自社運営に切り替えていた。九四年度は、一グループ四人体制で行なっていた客室清掃を三人体制に改めた。この結果、九三年度に四二%だった売上高人件費比率は、四〇%弱に削減できたのである。

世界の標準はユニフォーム会計システム

ホテルでは、一般的に全従業員の一〇～一五%程度が毎年、自主退職していくと言われている。そこで私は、自然減を利用して、社員数を削減していった。開業時点で八百五十人を数えた正社員数を、十年間で五百人程度までに留めることに成功した。

もちろん、これほどの削減を実現できたのは、その背景に、社員の生産性が向上したことがあった。逆に言えば、生産性が向上したために、人員を補充しなくても運営に支障を来たすことがなかった。

なぜ、生産性を高めることができたのか。

例えば、料飲部門や宴会部門では予算管理を徹底させ、その予算のもとに人員の効率的な配置を行なうことで、生産性を高めることができた。

また、再構築《リストラ》を可能にした要因の一つは、部門別収益管理の徹底にあった。

私は、ヒルトン時代に、ユニフォーム会計システムの存在を知った。これは、一九二六年にアメリカのホテル業界で採用されたのが始まりで、「Uniform System of Accounts for The Lodging Industry」という。日本では、米国ホテル会計基準などと訳されているが、実際には、長い間、世界中のホテルで採用されている（ただし、日本における普及度は、最近になってようやく高まってきたに過ぎない）。

その特色は、厳密な部門別収益管理にある。例えば、各部門で計上される経費は厳密に定められているため、自社と他社の業績を比較したり、業界の平均値と比較した場合、強みや弱みを一目瞭然に把握できる。

したがって、人件費が他社と比べて多すぎるのか、あるいは材料費が多すぎるのか、指標と比べて弱点が明らかになれば、改善策を探ることが可能となるのである。

「厳密な部門別計数管理こそ命」

この会計システムについて、以前に、意外なところから取材を受けたことがあった。サラリーマン諸氏が帰宅途中に手に取る、どちらかと言えば、柔らかい話題の多い『夕刊フジ』である（二〇〇一年八月二十一日付け。取材者は、雑誌『プレジデント』の元編集長、清丸恵三郎氏）。

その記事には「厳密な部門別計数管理こそ命」（※）という大きな見出しが付けられていた。「えっ、夕刊紙の中で会計システムの話？」と読者が戸惑いそうな、場違いな話題でありながら、厳密な計数管理に興味を持ってくださり、また、こう締め括ってくださったことがありがたかった。

「バブル崩壊直後から経営の効率化に大胆に切り込んだ。最大の利益圧迫要因である人件費はもちろん、原材料費、水道光熱費、リネン費などなど、あらゆる経費を見直した。その結果が『七年連続の単年度黒字です』と中村。（以下略）」

この話に出た水道光熱費に関して言うと、料飲施設ごとに使用量を把握できる専用メーターを設置し、部門別管理に役立てた。

わずかな金額の浪費と思われても、一年通じて積み重なっていけば、大きな損失となる。

実は、ホテル経営は、こういう細部の管理で成り立っている――『夕刊フジ』は、この原理原則をうまく伝えてくれた。

※　ユニフォーム会計システムにおいては、部門別収益管理とされるが、ここでは『夕刊フジ』の見出しをそのまま引用し、「部門別計数管理」とした。

地域の特性が宴会部門を救ってくれた

バブル経済の崩壊で、経営を圧迫するマイナス要因は数限りなくあったが、プラス要因も見られた。ホテルとほぼ同時期に進出してきた日本ＩＢＭ箱崎事業所や、後に移転してきたソフトバンクといったＩＴ企業の利用需要が伸びたことである。

日本ＩＢＭはその頃、パソコン事業の強化を図り始めていて、販促のための発表会やセミナーをホテルの宴会場で数多く開催してくださった。それまでの日本企業特有の盛大な宴会ではないが、宴会場の稼働率が低下した他のホテルに比べれば、貴重な収入源になった。

また、日本橋・人形町特有の顧客層が苦戦の宴会部門を支えてくださった。それは、この地区に存在する食品、薬品、医療器具などの問屋・組織団体が開催する会合だ。バブル

宴会場（セミナー形式）

経済崩壊の大きな余波を受けない業界ということで、私どものマーケティング部営業2課が専門にお世話させていただいたものである。

それでも、宴会部門の売上高は、ピークを極めた九一年度の六十七億七千万円から、開業十一年目の九九年度には三十四億九千百万円まで減少した。率にして、四八・四%の減少である。その間のホテル業界全体の傾向も、同様に厳しい状況だった。

しかし、よく見れば、九九年度の部門別収入の内訳は、宴会が三二・二%、料飲が三二・七%、宿泊が三〇・九%と、均衡の取れた業績になっていた。九一年度の宴会の占有率が四四・二%と突出していたことを考えれば、十年間で均整の取れた体型になったのである。裏を返せば、九一年度は異常体質に陥っていたのだ。

不健康な体質は、ホテル経営の正常な感覚を失わせてしまう。冷静になって考えると、バブル経済はこの時点で終わってよかったのかもしれない。

客室単価が維持できた理由

いま振り返ると、最初の十年間は、私の実力が試された期間であったということなのだろう。開業景気に沸いたあとのバブル崩壊で「喝」を入れられ、知恵を出さなければならない状態に追い込まれたからである。

ところで、実は、開業準備の段階ですでに計画し、バブル崩壊期にこれが功を奏したものがあった。前にも述べたエグゼクティブ・フロアである。

開業時、六階から十八階までの客室階のうち、最上部の十六階から十八階までの三フロアを同フロアとした。一般客室よりも料金を高く設定しながら、専用ラウンジなどにおいて、さまざまなサービスを提供した。また、客室アメニティも充実させた。

同フロアが海外で人気があることは、ヒルトン時代から学んでいた。だから、外国人ビジネスマンは必ずや注目してくださるに違いないと想定し、開設に踏み切ったのである。

恐らく、邦人資本のホテルで、これほど本格的に導入した例は、初めてだったのではないだろうか。また、なぜ、このようなフロアが必要なのか、理解に苦しんだ業界人も少なくなかったのではないだろうか（後に、多くの業界関係者の方々が視察に見えられたものである）。

それはともかく、外国人ビジネスマン獲得を狙って同フロアを設けたことにより、バブル崩壊期においても、客室単価の落ち込みは、ほかの部門に比べると、軽微に収まった。

例えば、九二年度にピークの二万三千三百円を記録して以降、九三年度は三・四％減の二万二千五百円と下がったものの、それ以降、二〇〇〇年度まで二万一千円台を維持し続けることができたのである。

その間、外国人比率が上がり、開業初年度の八九年度には三一・三％だったものが、二〇〇〇年度には初めて過半数の五八・二％を記録した。このことが、同フロア人気を裏付ける一つのデータになるのではないだろうか。

なお、同フロアの人気はその後も衰えず、日本人客の間でもご利用が広がり、拡張するに至った。いまでは、当初より三フロア増え、合計六フロアに上る。実に、客室階の半分が同フロアで占められるようになっている。併せて、ラウンジも拡張し、朝食会場も二十階のスカイラウンジ「オルフェウス」（※）を開放して、その利用に充てるようになった。

※ 「オルフェウス」は、一三年九月よりエグゼクティブラウンジに改装された。従来、十六階にあった同ラウンジは、エグゼクティブ・フロアの客室に生まれ変わった。

予想を超えた海外からのお客様

先ほど、外国人比率について触れたが、開業時に、その比率について予測したことがあった。一年目、二年目は二〇％、三年目は二五％、四年目は三〇％、五年目は三五％と見込んでいた。

実際は、各年度とも上回った。例えば、三年目は四一・一％と、予測よりも大きく上回っている。四年目の九二年、私は、ある雑誌の取材で、こう話したことがある。

「これはどなたも信用してくださらないのですが、ロイヤルパークホテルは、都内でも外国人宿泊客数の多いホテルの一つなんです」

その年の四月、外国人比率は四五・〇％にも及んでいる。なぜ、このような数値を示すようになったのか。

私は、開業後一年ほどは開業景気で潤うだろうと予想していたが、その後は、外国人客を取り込まなくてはならないと考えていた。ヒルトン時代は、黙っていても外国からお客様がお見えになるが、このホテルにはそうした基盤がないので、ある種の危機感がそう思わせたのだろうし、国際ホテルを標榜した以上は、是が非でも、外国人比率を上げていかなければならないと考えたのである。

ある程度は、箱崎のＴＣＡＴに隣接するという立地条件が外国人客誘致に、有利に働こうと予測はできたが、それを世界に告知しなくては、意味がない。そこで、国際的企業の東京（日本）事務所への営業活動はもちろんのこと、国際的な予約代行組織であるユーテルに加盟した。これが実を結んだのである。

さらに幸運だったのは、そのユーテルが、会員ホテルの中から世界各都市の最高級ホテルを集めて、別のグループを設けようと計画したことだった。

私は、ヒルトン時代からの知己である、そのイギリス人の代表者から「中村、どう思う？」と意見を求められた。

私は「それは、いい考えだ」と、即座に賛同を示した。ロイヤルパークホテルが最高級ホテルとして世界的に認知される場ができるからである。

こうして誕生したのが「サミット・ホテルズ＆リゾーツ」というグループだった。発足時、日本のホテルで加盟したのはロイヤルパークホテル一軒だけであり、大きな存在感を示すことができた。そして、これを足がかりにして、高単価の外国人客を増やすことができたわけである。

さて、海外からのお客様を誘致するに際して、特にアジア向けの営業に力を注ぎ始めた時期があった。九六年のことである。

当時、東京に置かれていた国際的企業のアジア本社は、次第に香港やシンガポールに移り始めていた。その理由は、東京では経費がかさむようになったからだ。

すると、必然的にアジアに目を向けなくてはならない。が、現地へ出向いて長期間にわたって営業するには、こちらも経費がかさむようになる。さて、どうしようか——。

ところが、ここで、サミット・ホテルズ&リゾーツ加盟の幸運がもう一つあった。そちらの組織のスタッフが現地営業を手伝ってくれたのである。例えば、ホテルの営業マンが短期間の営業をすませ、帰国する際、重要な顧客先の情報を伝えれば、その後のフォローアップが依頼できたのだ。この支援体制が大いに貢献してくれたのであった。

ＰＲ活動を積極的に行なって存在感を示す

バブル経済が崩壊し、景気後退が長引く中、業界人が集まると、最初に出る言葉は「最近、商売、どう？」「稼働率、どうなっている？」「結婚式、いくつ？」といったもので、知らず知らずのうちに、これらが挨拶となっていた。

それほど長い間、業績に上向きの兆しが見られなかったわけだが、日々休まず営業している以上、手を拱《こまね》いているわけにはいかない。少しでも収益を上げるための手立てを打たなくてはならない。

そういう状況の中、私が注目し、力を注いだのが企画に伴うPR活動であった。ホテルの広告宣伝費は、ほかの産業に比べると、わずかなものである。したがって、知名度を広めるには、広告費用が発生しないPR活動が重要になってくる。

もちろん、一口にPR活動と言っても、さまざまなものがある。実例を示そう。

開業して十年目の一九九八年度、どれほどのニュースリリースを発行したかというと、和文が八十七本、英文が三十本、合計百十七本に上った。和文だけでも四日に一本は流している計算だ。これを百五十八人のプレス関係者に送っていた。

ただし、これほど多くのリリースを配信しても、全く反応がないこともある。それは、なぜか。内容に新鮮味がないからである。

メディアは、送られてきたものに独自性や話題性を感じ取ることがあれば、記事として取り上げる。逆に言えば、リリースの内容によって、ホテルは常に企画力が問われているわけである。

いま、人々は何を求めているのか、メディアは、つまり社会はどういうことに関心があるのか、こうしたことを念頭に置いて企画を作り、発信していかなくては、ホテルのＰＲ活動は実を結ばないということなのである。したがって、私は企画担当者に、こうしたＰＲ活動の本質を説いてきたものであった。

その一方で、私自身がＰＲ活動を先頭に立って行なった。ことあるごとに、私自身が情報を発信して、メディアと友好関係を築くようにしたのである。そうすると、中村に会えば、何か聞けるかもしれない、中村のところに行けば、何か分かるかもしれないと思ってくださるようになる。実際、新聞記者や雑誌記者からはたびたび取材を受け、それが活字になってロイヤルパークホテルの名を広めることができた。

なお、以下については一般的なＰＲ活動と性格を異にするが、一時期、読売新聞の第二社会面にロイヤルパークホテルの名が頻繁に掲載されたことがあった。

これは、結婚披露宴のお客様が社会福祉事業を行なっている「読売光と愛の事業団」に寄付することで、お客様とロイヤルパークホテルの名前が報道されたものであった。ホテルのスタッフが婚礼の打ち合わせのときにご説明し、寄付に賛同していただいた場合に掲載されたわけだが、慈善活動の仲立ちがホテルの存在感を示す結果となった。

企業の社会的責任が問われているいま、これからは、こうした活動も積極的に取り組む必要が出てきそうだ。

ホテルへの関心高めたランキング調査

もう一つ、本来のPR活動とは異なるかもしれないが、ホテルの存在が広く一般に注目されることがある。雑誌が発表するランキング調査である。

国内における調査では、企業のエグゼクティブが回答者となった『日経ビジネス』が最初と記憶するが、ロイヤルパークホテルが開業した直後に、その名が上位に刻まれた調査があった。日経ホーム出版社発行の『日経トレンディ』が一九九一年五月号で最初に行なったランキング調査だ。

「泊まって調べた国内ホテル105ランキング」と題したように、実際に記者が宿泊し、八十余りの詳細な項目に基づいて調査したもの。その結果、東京では、第一ホテルアネックス、帝国ホテル、ホテル西洋銀座が上位を占めた。ロイヤルパークホテルは第四位となり、総合評価は次のように記された。

「正統派の高級ホテルを目指す新興勢力。カギのデザインにまでこだわった設備の質感、よく教育されている印象のスタッフなど、ハードとソフトのバランスがいい。宴会の多い日にサービスが低下するのは残念」

最後の一文では、反省すべき点が明らかになったが、おおむね高評価をいただいた。しかも、こちらの目指した方向性を的確に捉えてくださったことで自信を深めることができた。この調査結果が、開業間もないロイヤルパークホテルの知名度を上げる一助となってくれたのではないだろうか。

このほか、調査方法は異なるが、『週刊ダイヤモンド』のランキング調査も注目すべき内容で、こうした雑誌のランキング調査の結果を見ては、各ホテルは一喜一憂したものである。

中には、自社ホテルの順位に不満を抱いた業界人や、この種の調査自体を否定する業界人もいたようだが、一般のホテルに対する関心を高めた功績、PR効果は大きいものがあったと思っている。

ブランド構築に役立ったPR誌

さて、開業後初期の頃は、先述したような営業政策で外国人客の誘致に力を注いだが、もう一つ、国内市場向けに開業直前から手がけてきたことがある。PR誌の発行だ（これもまた、言うまでもなく、前述の積極的PR活動の一環だった）。

まず判型は、送りやすさと郵送費のことを考え、ちょうど定形の封筒に入る大きさにし、毎号二十ページ建て（当初は十六ページ）で編集した。隔月（その後、季刊）という形で、〇九年まで、通算九十一号を最終号とするまで発行し続けた。一定の役割を果たしたということで、この時期に終止符を打ったわけだが、考えてみれば、開業から二十年間も制作してきたことになる。

なぜ、それほどまでに続けてきたのか。目的は、ホテルのブランドの構築や、高品質・

高級感につながるイメージづくりにあったからである。

そのために、編集内容にも気を配った。表紙は、下町のホテルらしく、着物の布地模様をあしらった。そして記事には、各界著名人と私との対談を中心に、地元・老舗や伝統工芸の情報、成城大学教授・千足伸行氏による西洋美術史の読み物などを盛り込んだ。

その中の一つ、作家・荒俣宏氏の連載記事が特に好評で、ホテル開業十周年を記念して、その連載記事の一部をまとめたものを、文藝春秋から『江戸の快楽 下町抒情散歩』と題して発行した。さらに二十周年記念には続編として、光文社から『江戸の醍醐味 日本橋・人形町から縁起めぐり』と題して発行するに至った。荒俣氏はその続編で「町歩きができる上に原稿が書ける仕事だったので、大喜びでお引き受けした」と書いてくださった。

また、私と対談してくださるお相手については、読者の方が驚かれるような意外性があって、なおかつ、ホテルの主たる客層である四十代以上のお客様が関心を持ってくださるような方にご登場いただいた。

こうした工夫を施したこともあってか、毎号楽しみにしてくださるお客様が多かったように見受けられた。

私自身も、各界著名人との対談が楽しみでもあったし、教えられることも多々あった。ある舞台女優の方が「ホテルマンの方々も私たちと一緒で、演技することが大切ですね」とおっしゃったことがあった。俳優は、その動きに対して観客から評価を与えられるので、そのことを考えると、ホテルも同じだというのだ。つまり、ホテルのお客様は、ホテルマンの動きに対して評価を下していると。それだけ動きをよくすることが大切ですよ、と教えられたのである。それを「演技」という言葉で表現してくださったのだ。この言葉は印象に残った。

好評を博した落語の独演会

このように、対談では毎回、意識的に、その方の思い出に残るホテル体験談、独自のホテル論を引き出そうと努めたが、それぞれ傾聴に値するお話を伺うことができた。

また、ある有名な歌舞伎役者の方が歌舞伎の将来のことを心配していらした。若い世代にどう継承していくか、伝統をいかに守っていくかに腐心しておられた。下町にあるホテルとしても、何かお手伝いできないものかと思ったものである。

実は、この対談で生まれた企画があった。作家の半村良氏や永六輔氏の提言で始めた落語独演会である。これについては、次章にも関係する話題だが、先にご説明しておこう。

人形町には、寄席の「末広」があったが、一九七〇年に閉鎖されてしまった。私自身も子供のときに何度も足を運んだ記憶があるが、そうした土地柄を生かしてほしいというのだ。それで、一九九四年元旦の春風亭小朝師匠の独演会を皮切りに、古今亭志ん朝師匠や柳家小三治師匠ほかの独演会を年に三〜四回開催、小朝師匠については、九七年以降、現在まで毎年二回の開催が続くことになる。

そして、二〇〇七年には「若手落語一番勝負」という企画を始めた。これは、若手落語家の登竜門、いや、若手落語家のグランプリを目指したもので、お噺《はなし》を聞いていただいたお客様が投票し、それで優勝者を決めようという内容だ。これも好評で、開催を続け、二〇一三年五月までに計七回を開催するに至った。

どちらにしても、こうした落語会は、地域密着型のイベントとして非常に注目され、人気を博したものである。

第三章　地元に愛されるホテルとなるために

日本料理「源氏香」

フィットネスクラブは「下町の集会所」

ホテルの五階に、長さ二〇メートルの室内プールなどを備えたフィットネスクラブがある。海外の一流ホテルには、必ずこういった施設があり、それに倣《なら》ったものである。欧米のビジネスマンは早朝に運動する人も多く、ジムなどは午前六時から、室内プールは午前六時三〇分から営業を開始している。

このフィットネスクラブが実は、地元の方々に利用され、「下町の集会所」としての役割を果たしていることは、案外知られていないのではないだろうか。

その会員の方々に集まっていただき、座談会を催したことがあった。その中から、一部、ご利用者の声をご紹介しよう。

「この辺りをぶらぶら散歩していたら、ホテルの建設工事が始まっていて、仮事務所があった。フィットネスクラブの案内も出ていて、ああ、こんなものができるのかと思って、事務所に入っていったんです。女性の方がとても親切に応対してくれて、その場で入会を決めちゃった」

「話を聞いてすぐ入ることにしたんです。人形町に会社を持っていますが、勤めが終わってから体を鍛えて、リラックスする。（中略）お金をかけたほうが長続きするんですよ。入会金や何かがもったいないと思うから（笑い）」

「クラブの浴場は会員の間では『蛎殻湯』と呼ばれているんです。（中略）だから、僕なんか『蛎殻湯に行ってくる』てな具合で。そんなところが大好きだなあ。とにかく気取りがないの」

「『風呂コミ会』なんていう集まりも会員のなかにできて、親睦を深めているんですよ。風呂コミュニケーションの会。（中略）ほかにもゴルフだとか、同行の会がいろいろとあるんですね。こんなの、ほかのホテルではないんじゃないですか」

「仕事の話はあまりしない。しないのが不文律みたいな雰囲気があるんですよ。わたしも、受付で名前を書いたら、その瞬間から仕事のことは忘れるようにしているの」

「マッサージ室でよく携帯電話で話している人がいたけど、そういう人はクラブをやめていきましたね。（中略）やっぱりここは集会所であり、くつろぐための場なんだ」

（オータパブリケイションズ発行『週刊ホテルレストラン』二〇〇〇年七月二十一日号）

地元の方々はホテルに対する関心も高く、会員の皆さんは実に賢明にフィットネスクラブをご利用していたことが分かっていただけるだろう。

コーヒーショップで"日常食"を提供

すでに述べたように、私は、地元密着を営業方針の大きな柱に据えていた。その意味でも、フィットネスクラブは非常に有益な施設であった。

ただ、フィットネスクラブは、宿泊客と会員の皆さんしかご利用いただけない。地元とより強いつながりを求めるには、日常的に利用してくださるような環境を提供することが必要である。

そこで、私は、開業時からコーヒーショップに丼物や麺類といった、親しみを感じてくださるような"日常食"をメニューに載せるようにした。すると、これが呼び水となって、地元のお客様が頻繁に出入りするようになった。先の座談会で、こんな発言をしてくださった方がいる。

「バブルのころに地上げでこの辺りはオフィスビルが増えてビジネス街化が進み、日曜日は飲食店がみんな休んでしまうようになったんです。そうすると、ホテルしか食事をするところがない。その点は逆に助かっています。とにかく、ここに案内すれば何でもある。そしておいしくて評判がいい」

まさに、私が目指したことがその通りになっていった、そのことを証明してくださったお言葉である。

それでも、予想外のことがあった。開業後しばらくたった、ある日のこと——

「中村さん、実は、一つ困ることがあるんです」

「何か問題でもありましたか」

「午後十一時で閉められたら、我々は飲みに行くところがないんですよ」

お客様がご不満に思っていたのは、バーの閉店時間についてであった。地元の方々が夜遅くまで仕事をして、お仲間と「さあ、飲みに行こうか」と言っても、バーが閉まっていては、お楽しみの時間が持てない。それでお困りだというのだ。

私は即座に、週末・金曜土曜の閉店時間を深夜一時、平日を深夜十二時と決めた。

この決定に対して、スタッフから不満の声が出なかったわけではなかったが、私はお客様のご要望を最優先した。それまでもそうしてきたし、ここでも、その方針を変えるつもりはなかった。

この場合は、スタッフの出勤シフトを再編成するなどすれば、対応可能だと判断したが、実際、その方法で対処できた。

二十階のラウンジに生バンドを入れたのも、「この界隈には、生バンドの音楽を聞ける場所がない」という地元のお客様の声を聞いたからである。

この場合は、バンドの出演料をどう賄うかが問題だった。ヒルトンでは、チェーンホテルを巡回してもらうことで出演料を抑えることができたが、ここでは、それができない。音楽事務所との話し合いや音楽チャージ料を設けることで解決した。

お客様の声を聞き、それを営業にどう反映させるか――ここでは、経験と知識で対処してきたと言えるだろう。

十年を経て得られた地元の信頼

このように、地元に受け入れられるように努力してきたが、本当の意味で受け入れられたと実感したのは、開業後十年ほどたってからのことではないだろうか。

一部の方は、先の座談会のお話にもあったように、開業を待ち望んでくださったが、大多数の方にしてみれば、ホテルというものは敷居が高く、見下ろされているという印象を受けていたのではないだろうか。また、地元の商いを大きな網ですくい取る"黒船"のように見られていたかもしれない。

私自身、こういったことを肌で感じていた。だから、常々、こちらから情報発信をしていかなくては、地元の理解を得られないと考え、実行に移してきた。

それでも、本当に心を許してくださるには、一朝一夕では難しいということなのだろう。何しろ、お相手は創業二百年、三百年の老舗の方々である。こちらは、一つひとつ地道に積み重ね、ホテルが真剣に地元に溶け込もうとしているという姿勢を示すほかなかった。それがようやく理解され、認知されたのが十年ほどたってのことだったように思う。

ともかく、こうして一度認められると、交流がどんどん進んだ。地元の名士の方々とも親しく意見交換ができた。例えば、日本橋の和菓子の老舗・榮太樓總本舗の細田安兵衛氏と知己を得ると、それがきっかけで、東京商工会議所中央支部の副会長を仰せつかった。名橋・日本橋をきれいにする会にも参加でき、地域貢献を果たすこともできた。

こうした名士たちとの交流や地域活動を経験すると、こちらの意識にも変化が生じた。当初の地元密着志向という姿勢から、日本橋・人形町とともに発展していこうという考え方に変わったのだ。地域が発展すれば、ホテルも一緒に成長していけるという捉え方である。

私たちは日本橋・人形町の歯車の一つである——そうした意識を持つことで、結果的に地元密着はさらに深まっていった。

「ディスカバー江戸」をキャッチフレーズに

地元密着の企画を、ことに精力的に行なったのが二〇〇四年のことだった。「ディスカバー江戸」のキャッチフレーズのもと、国内市場の掘り起こしに取り組んだ。

例えば、同年四月には、近隣紹介散策マップ「ディスカバー江戸下町」（※）を完成させ、六月からは毎週金曜日、GRO（ゲスト・リレーションズ・オフィサー）の和服着用によるご案内を始めた（これは後に、毎日行なうようになった）。

お客様を対象に着付け教室を開いたのもこの年だった。

十二月には人力車ツアーも開始した。車夫のご案内による「人形町界隈めぐり」や「日本橋七福神めぐり」を行なった。

翌年七月には「ゆかたで下町夏美人」と銘打った宿泊プランも発売したが、これも前年からの流れと言っていいだろう。

そして、同種の企画は、その後も続いた。比較的新しいところでは、二〇一〇年上期に「日本橋コラボプラン①　日本橋めぐり編」として、数種類の宿泊プランを発売した。

例えば「江戸日本橋めぐり宿泊プラン」では、日本橋めぐりの会にご協力いただき、日本橋界隈の散策と老舗をめぐる「日本橋老舗リレーツアー」を盛り込んだ。老舗の昼食やお土産などのお楽しみとともに、日本橋と老舗の歴史を学べる贅沢なコースを設定したものである。

いずれにしても、ホテルの企画が地元の日本橋・人形町の歴史や文化と深く結びつき、展開されるというのは、ロイヤルパークホテルならではの特色となった。

※　散策マップについては、次の八種類を作成した。①日本橋　橋めぐり川めぐり、②人形町界隈、③日本橋七福神めぐり、④いまも残る日本橋元祖の店、⑤両国下町ミュージアムめぐり、⑥下

町　深川七福神と松尾芭蕉ゆかりの地、⑦浅草名所七福神、⑧江戸城（皇居東御苑）。

地元飲食店を対象に英会話教室を開いたわけは

需要は、お客様の声の中にあり――私は常々こう思ってきたが、外国人のお客様から何度も聞かれたことがあった。

「日本人は、いつも天ぷらやすき焼きを食べているわけではないでしょう？　何を食べているんですか」

「われわれも、日本人が普段食べているものを食べてみたいのだけれど」

なるほど、外国人のお客様は、こういうことに興味があるのかと思い、ホテル周辺の飲食店にお声をかけ、「メニューの英訳はこちらでいたしますので」と言って、バイリンガル・メニューを用意した五十二店舗の地図を作成した。○九年のことである（二年後には六十店舗に増えた）。

すると、どこから情報を得たのか、都内在住の外国人の方々まで、その地図を片手にこちらに見えるようになった。反響の大きさに、こちらが驚いたほどである。

いや、驚いたのは、ホテルだけではなかった。飲食店の方々も、急に外国人のお客様が増えて驚き、戸惑った。英語でどのように応対していいか、困っているという声が寄せられた。

そこで、ロイヤルパークホテルが飲食店の方々を対象に英会話教室を開いた。入門編として、お出迎えの仕方をはじめ、基本的な言葉遣いを覚えていただけるようにした。

そうすると、今度は「もう少し高度な英会話を」というご要望が出るようになり、「本日のお勧めメニューを、どう説明したらいいですか」といった質問にも対応できるよう、教室のレベルを上げていった。

こうした活動は、もちろん、こちらの無料奉仕である。あくまでも、先ほど述べたように、ホテルは地域とともに発展すべきだと考えていたからである。

開業当初、お泊まりの外国人客は、六本木辺りに出かけてナイトライフを楽しむ方が多かった。

いまでは、ホテル周辺にある二十席程度の小さな小料理屋でも、半分が外国人客というときがある。恐らく、ロイヤルパークホテルのお客様も日本人に交じって、庶民の味に舌鼓を打っていることだろう。

「源氏香」の個室で葭町芸者が舞う

地域との連携は、これに留まらず、さまざまな形が生まれた。

例えば、日本橋界隈には、多くの老舗食品店も多いので、地元食材を使用した「江戸の朝粥」という朝食を開発した。

朝粥と言えば京都が有名だが、東京には有名なものが見当たらない。それならばということで、有名老舗店の食材を組み合わせた朝粥（※1）を予約制でご提供したところ、広島からお見えのグループのお客様から予約が入ったことがあった。

こうして地元食材に対する関心の高さを知り、昼や夜の会席料理にも取り入れるようになったが、我ながらユニークだと思ったのが、バーのおつまみである。地元食材を組み合わせて「日本橋老舗おつまみセット」（※2）を作り、二〇一〇年一月から販売したところ、二回も三回も注文してくださるお客様も現われた。

そんなある日のこと。昔、華やかな時代を築いた歴史のある葭町《よしちょう》芸者の方から、こん

『「江戸の朝かゆ」百年老舗～日本橋味めぐり～』

な言葉をかけられた（葭町とは、日本橋人形町の旧称。芳町とも記される）。

「なんで私たちも入れてくれないの？」

私は「どういう意味ですか？」と問い返したところ、芸者衆の願い事が分かった。ホテルで仕事をさせてほしいというのだ。

「えっ？　うちには十畳程度のお座敷しかありませんよ。しかも、真ん中は掘りごたつになっているんです」

すると、意外な言葉が返ってきた。

「半畳あれば、踊れるんですよ」

それは面白いと思い、「一度やってみましょう」となった。決まり事を守る意味で、見番を通して芸者衆を手配することにし、食事と芸者の踊りを組み合わせた企画を立てた。いわゆる芸者パーティだ。

芸者衆は狭い空間の中、三味線の伴奏で見事に舞った。お客様の中には外国人や地元の方もいて、京都でしか楽しめないような一夜を東京で体験できたということで、実に満足げにお過ごしになっていた。

※1　〇九年十月から『「江戸の朝かゆ」百年老舗～日本橋味めぐり～』と銘打って発売した。創業百年を超える老舗の名物を中心に、江戸の伝統と文化が感じられる逸品の数々を盛り込んだ。
※2　そのスタート時の内容は「日本橋 鮒佐（ふなさ）」の芝海老の佃煮、「にんべん」の鰹角煮、「貝新（かいしん）」の小柱佃煮。九百円（税抜き・サービス料別）で販売した。なお、日本橋・老舗の逸品を盛り込んだメニューは、このほかにも「〝お江戸日本橋〟老舗ごのみの昼会席」などの例がある。一二年四月からのもので、食後には、茶室「耕雲亭」でお手前を提供した。

テレビでも報道された地域密着の営業活動

このような地域密着の営業活動を、テレビが報道してくださったことがあった。〇九年三月三十一日に放映された、テレビ東京系列のレギュラー番組『ガイアの夜明け』の「不況の荒波に上陸～外資系高級ホテルＶＳ日本勢～」がそれだ。

この「日本勢」と表現されたのがロイヤルパークホテルであり、どのような映像が流れたかというと——

◇ハンガリーからお見えになる常連のお客様を、私が老舗の焼き鳥店にご案内する場面。
◇営業マンがある洋食店の老舗にご挨拶に行く場面。同店の経営者のコメントが次のように紹介された。
「ホテルというのはやっぱり格が上で、敷居も高いわけで、こちらからはなかなか行けないところです。でも、ホテルの方が営業に出て、町に打って出てきてくれているという感じで、われわれ老舗にはとても頼もしく感じます」
◇日本橋の存在を全国に広める活動を行なっている「日本橋めぐりの会」の方とホテルのスタッフが、日本文化を伝える場所探しに取り組んでいる場面。
◇お客様がレストランで芸妓衆の踊りを見て、食事を楽しむ場面。
そして、先ほど述べた英会話教室の場面なども放映された。

このような形で紹介してくださったが、いずれにしても、ホテルのお客様を外にお連れするというのは、常識外の企画である。
いや、常識外の企画というのは、旧来の考え方である。これからは、ロイヤルパークホテルに限らず、地域と積極的にコラボレーションを行なってこそ、ホテルの発展もあると考えるべきではないだろうか。

日本橋の地域イベントに全面協力

一三年九月には、六回目を数える「EDO ART EXPO」がNPO法人の東京中央ネット主催で開催されたが、私は実行委員会の委員長を務め、ホテルも共催企業の一社に名を連ねて、全面協力に努めた。

同EXPOは、〇八年の初回は、日本橋の活性化を目的に「日本橋美人」という名称で、日本橋を中心にした中央区内の施設で展開されたものだった。それが次第に広がりを見せ、中央区や千代田区、港区、墨田区の名店、企業、ホテルや文化・観光施設が協力して催す一大イベントに発展してきたものである。

「日本橋美人」とは、江戸時代から培われてきた「優・粋・知・創」という四つの美のコンセプトを感じさせる、精神面で充実した女性と言えるだろうか。

つまり、日本橋美人とは、このような美意識による心も身体も美しい女性のことであり、これがもとになって、日本橋の地域ブランドに発展してきたというのがこの地の歴史でもある。そして、こうしたブランドを生かそうとして始まったのが、このイベントなのだ。

日本橋は改めて言うまでもなく、江戸時代から続く文化と近代的な街づくりとが渾然一体となって融合したところが魅力となっている。そうした地域の資源はホテルの財産でもあると考えてきた。したがって、地域のイベント開催に協力することは、地域密着を標榜するホテルにとって重要な使命であり、願ってもない機会であった。

なお、〇九年二月、私は「YOKOSO！JAPAN大使」に任命された。

これは、観光庁が、外国人に対して日本の魅力を発信した人々を「同大使」に任命し、活動の意欲的な継続・発展を促しているものだが、私が任命されたのは、これまで述べた地域密着の活動が評価されたものと認識している。

ロータリー、ライオンズ両クラブの例会場に

以上のように地域密着を図るために、さまざまな方策を打ち出したが、もう一つ、忘れ

てはならないことがある。ロータリークラブおよびライオンズクラブへ入会して会員の皆さんとコミュニケーションを図り、密接な協力関係を築くことである。

順を追って説明すると、私は、入会の審査が厳しいと言われた日本橋ロータリークラブへの入会を果たした。ホテル開業を半年後に控えた一九八九年一月十日のことだ。開業前に準備したことで、この入会を私がいかに重視していたかがご理解いただけるだろう。

そして、これをきっかけにして、日本橋を拠点とする各クラブ（日本橋東ロータリークラブや日本橋西ロータリークラブ、東京ベイロータリークラブ、東京シティ日本橋ロータリークラブ、浜町ライオンズクラブ、日本橋ライオンズクラブ）が毎週開いている例会の誘致も積極的に行なうために、各クラブへ入会することにした（ただし、ライオンズクラブは隔週の開催）。一人でも多くの地域の方にホテルをご利用していただこうと考えたからである。

例会の誘致に当たっては、多彩な料理をご体験いただくために和・洋・中の料理を、ローテーションを組んで提供すること、そして、料理のおいしさそのものを打ち出して営業したことで、各クラブはロイヤルパークホテルを会場にして例会を開いてくださるようになった。

例外は日本橋ロータリークラブで、同クラブはもともとパレスホテルを例会場にしており、パレスホテルが改築される期間中の三年四ヵ月に限って、ロイヤルパークホテルを例会場にしてくださった。その結果、平日は毎日どこかのクラブの例会が開かれた。このようなホテルはあまり見られないのではないだろうか（なお、日本橋西ロータリークラブもパレスホテルを例会場にしていたが、同ホテル改築完成後も引き続き利用してくださっている）。

両クラブの会員は社会的地位も高く、人脈も幅が広い。それだけに、例会場としての営業収入に加えて、会員の皆さん、あるいは会員の方と縁《ゆかり》のある法人・個人のご利用も期待できた。実際、ホテル全体の収入に対する貢献度も少なくないものがあったのではないだろうか。

第四章　何よりも「ベスト・フォー・ザ・ゲスト」

ウーマントラベラーズデスク

感激の自家製アイスクリーム

実際にロイヤルパークホテルで起きたことからお話ししよう。

ある日、私の秘書がとった電話の主がどうしても総支配人と話がしたいという。それで私が電話に出ると、その方は次のような話をされた。

その方は友人のグループとともに二十階のラウンジで幾度もランチ・ブッフェを楽しんでおられたそうだが、あるとき、友人のお一人が入院する事態となった。お見舞いに行くと、その友人は「ロイヤルパークホテルのスカイラウンジで出している自家製アイスクリームが食べたい」と言う。

そこで、その方はホテルに来られて、担当者に事情を説明した。すると、担当者はタッパーウエアにたっぷりとアイスクリームを盛り込み、ドライアイスを添えて手渡した。それを病院に持っていくと、入院中の友人は涙を流して喜んでくださったという。

その方もまた感激し、直接、総支配人に話したいということで、わざわざ電話をくださったわけである。

昔から根付いていたおもてなしの精神

開業時、私は経営方針の第一番目に「ベスト・フォー・ザ・ゲスト」というスローガンを掲げた。そして、それを次のように文章化し、「社員心得」として浸透させるように努めた。

「私達の日頃の業務の全ては、お客様に通ずるものです。

お客様の立場に立って、『ホスピタリティ精神』で、最高の『味・サービス・雰囲気』の提供に最善を尽くし、お客様が感動と満足を得られるように努めます」

実は、このようなスローガンを掲げるまでもなく、日本人にはおもてなしの精神が豊かに備わっている、と私は考えている。島国に暮らす民族という特性からか、海外から来る人々や遠方から訪ねてこられる人々に対して、丁重にもてなす国民性が昔から根付いていたように思える。

例えば、四国札所巡りをするお遍路さんに食べ物や飲み物を提供することを「お接待」と呼んだり、あるいは、四国札所巡りに限らず、巡礼者に一夜の宿を提供する「善根宿《ぜんこんやど》」があちらこちらに存在していたことを考えるだけでも、日本人のおもてなしの精神は、古くから伝わってきたものであることが分かるだろう。

二〇二〇年開催予定のオリンピック・パラリンピック招致活動の最後のプレゼンテーションで、滝川クリステルさんもこう言っていた。

「私たちは皆様を素晴らしい態勢でお迎えします。それを一言で言い表わす日本語があります。『お・も・て・な・し』、『おもてなし』です」

この場面がテレビで何度も放映された。

私は以前から、おもてなしという言葉が「OMOTENASHI」となって、KARAOKEやURUSHI、KIMONOといったように、そのまま海外で通用するようになることを願っていたが、このプレゼンテーションで、世界的に広まるかもしれない。

それはともかくとして、重要なのは、その次に続く彼女の言葉だ。

「これは、日本で古くから用いられてきた無私の、篤い、おもてなしの心を示す言葉で、日本の超近代的な文化にも根付いている言葉です。

この『おもてなし』の心を持つ日本人は、客人をもてなすと同様、お互いを気遣う国民なのです」

まさにその通りで、おもてなしの精神は、他人を思いやる気持ちと言い換えることができるものであり、日本人にとっては、あまりにも当たり前のことであるためか、人から言われて気付くことがある。

いい例が東日本大震災での出来事だ。被災地で飲料水や食べ物が配られるとき、我先にと列を乱す人は皆無だった。海外から「あれほどの大惨事の中でも、秩序を失わなかった日本人はたいへんな民族だ」と絶賛を受けたのも、他人を思いやる気持ち、ひいては、おもてなしの精神があればこそだったのだ。

さて、おもてなしの精神を下地に備えた国民性をさらに引き出そうとしたのが、先のスローガンであり、さまざまな社員教育であった。具体的に何を行なってきたか、順次、説明していこう。

海外研修で国際感覚を養ってもらおうと

昨今、産業界では「グローバリゼーション」という言葉がよく聞かれるようになった。世界標準への対応が求められるようになってきたということである。

ホテル業界は、外国人客をお迎えする性格上、もとから世界標準への適応が必要なわけだが、ロイヤルパークホテルはことに国際ホテルを標榜している以上、世界に通用するホテルマンとして、スタッフに国際感覚を身につけてもらわなくてはならない。そこで、海外研修を積極的に行なうことにした。

といっても、研修生を送り込むには、受け入れてくれるホテルが必要であり、また、そのホテルがどこでもいいというわけにはいかない。水準の高いホテルでなければ、勉強にならないからである。

また、期間も一週間や一ヵ月といった短期間では意味がない。最低でも半年、理想を言えば、一年間は研修先に滞在して、じっくり勉強してもらう必要がある。

一方、研修生の側に立つと、半年間や一年間の長期にわたる生活費や給与の面で心配事が出てこよう。そこで、研修先のホテルで基本給を出してもらい、不足分をわが社が負担するという仕組みにした。

こうした諸条件を整えて、九四年四月、まず試験的に行ない、翌年五月からドイツ・ミュンヘンのホテル・ケーニヒスホフに送り込んで本格的に開始した（※）。交換研修制度として、こちらでも先方から研修を受け入れてのスタートとなった。

研修先はその後、変動があったが、九九年から現在まで続いているのが香港のシャングリ・ラへの派遣だ。最初は、ヒルトン時代の知人が責任者として在籍していたのでお願いしたものだった。

当初は、半年間しかビザが下りなかったので、半年間の研修に留めたが、やがて一年に伸びたので、一年間の研修とした。

※　このほか、アメリカ・ボストン近郊のストーンヘッジ・インへの派遣も行なった。ミュンヘンのホテルもそうであったが、私どもが加盟しているサミット・ホテルズ&リゾーツの会合で先方の総支配人と親しくなり、研修生の受け入れを引き受けてくださった。

競争相手はアジアの一流ホテル

また、香港のシャングリ・ラは九竜半島側と香港島側に一軒ずつあるため、多いときは、宿泊部門から二人、料飲部門から二人の計四人を送り出したが、ことに意識して送り込んだのがエグゼクティブ・フロアのゲスト・リレーションズ・オフィサー（GRO）を務める女性スタッフである。なぜ、そうしたのか。それには、いくつかの理由があった。

まず、彼女たちは、外国人客が多い同フロアのサービスで最前線に立つスタッフであり、わけても国際感覚が要求される立場にある。言わば、ロイヤルパークホテルを代表するスタッフであり、重要な役割を担ってもらう彼女たちの能力向上を図るために、積極的に送り込んだのである。

一方、同フロアを利用する外国人客は、例えば香港やシンガポールなど、アジアの諸都市の一流ホテルを利用する客層でもあり、ロイヤルパークホテルは、常にアジアの一流ホテルと比較されることになる。

したがって、常にアジアの一流ホテルの水準を把握しておかなくてはならない。そういう目的もあって、彼女たちを派遣し続けてきたのである。多いときには三分の二が海外研修経験者で占められたものだった。

さらには、次に述べるように、理由はもう一つあった。

朱に染まれば赤くなる、という言葉が示すように、仮に、一人だけ学んで帰ってきても、知らず知らずのうちに周囲に引きずられて、元に戻ってしまうということが考えられる。

しかし、研修経験者が増えていけば、共通言語で話せる人が増えるのと同じように、学んできたことが共通認識になる。そして、新しいサービスを含めて改善が容易に進められるようになる。ここまで考えて、私はＧＲＯの海外派遣に力を入れたのであった。

海外のホテルで学んだ文化事情

では、海外研修を経験したスタッフは、どのような体験をしてきたのだろうか。具体的に挙げてみよう。

まず言葉、英会話についてである。当初はヒアリングに自信がなかったスタッフでも、半年間の研修で自信がついたと述べている。帰国後、外国人客に対して堂々と接遇ができるようになったという。

海外のホテルの従業員が堂々と、自信に満ち溢れた態度で仕事をしている姿に感銘を覚えたスタッフもいた。しかも、そういう従業員に限って臨機応変にお客様に対応していたという。当人の実力に、それ相当の権限を与えられている環境があればこそであろうが、そのスタッフにしてみれば、最も進んだホテル運営を見る思いがしたに違いない。

これに関して、私が補足すると、外国人のお客様は日本人の方よりも趣味嗜好をはっきり言う人が多い。それだけに、権限を委譲してスピーディな対応を可能にしたほうが外国人には喜ばれる。そういうことも背景にあるわけだ。

その一方で、ヨーロッパ人の紳士・淑女の振る舞いを知った者もいた。一般的に、待つのが苦手な日本人と比べると、待つことに大らかな彼らの姿勢を見て、一日本人として学んだそうだ。

また、海外の職場には国籍の異なる人が多くいて、さらに、お客様の国籍もさまざまで、コミュニケーションを取ることの重要性を認識した者もいれば、「日本人は何を考えているか分からない」と言われたスタッフもいた。自己主張の大切さを学んだという。

逆に、料理人の中には、外国人の世界に身を投じることで、日本人の仕事の丁寧さを改めて知ったという者もいた。

このように、海外研修を経験した者は視野を広げ、経験を深めた。帰国して彼ら彼女らが周囲に及ぼした影響は大きいものがあったのではないだろうか。

世界で活躍する公邸料理人

この海外研修で、意外に知られていない分野がある。公邸料理人・バトラーの派遣である。

この場合の公邸とは、日本政府が外国に設けた大使公邸のことである。派遣された者は、公邸で料理を作り、お客様を接遇する役割（公邸には宿泊設備が用意されているところもある）を負うのだから、ホテルでの仕事内容とほとんど変わらないと言っていいだろう。

公邸への派遣が始まったのは、一九九九年のことである。ワシントンの日本大使館への派遣が最初だった。

そのきっかけは、一九九九年一月から外務省・飯倉公館へのケータリング・サービスを開始できたことであった（なお、これを契機に、参議院議長公邸や衆議院議長公邸のケータリング業者としても指名されるようになり、迎賓館や首相官邸のサービス・ホテルとしても参入することになる）。

これ以降、料理人については、ロンドンやパリ、ベルリン、モスクワといった世界主要都市に置かれた日本大使館に派遣し、延べ六十六人、一三年八月現在においては十一人が活躍している。

それにしても、なぜ、これほど多くの料理人を派遣することができたのか。

もともと、公邸料理人を誰にするかは、大使個人が決める（したがって、その方の任期が終われば、別の料理人が採用される）。だから、例えば、それまでの個人的なお付き合いで、腕のいい親しい料理人がいれば、その人を選ぶこともあるかもしれないし、どなたかの推薦で決定される場合もあろう。

その経緯はさまざまであろうが、大使は、現地で多くのVIPを接待することになるので、一定レベル以上の料理人を望むことになる。ある意味、その都市一番のレストランを目指そうとするからだ。

そうすると、選ぼうとする範囲は、ある程度限られてくるだろう。

ロイヤルパークホテルの公邸料理人がこれほど多数に及んでいるのは、その意味では、実力が評価された証と認識している。ことにワシントンの日本大使館へは、その後も派遣が続いており、光栄なことである（※）。

※　私、中村裕は「公邸料理人派遣を通じた我が国外交活動への支援」の功績によって、一三年八月、

「株式会社ロイヤルパークホテル元取締役会長」の肩書で外務大臣表彰を受賞した。

極めて有意義な公邸料理人の派遣

一方、同時に多くの公邸料理人を派遣しているホテルにおいては、調理部の理解と協力が必要になる。

近年、日本は国策の一つとして日本料理の認知度を高めようとしており、公邸料理人は日本料理の熟練者が望まれている。

それだけに、調理部としても有能な料理人を何人も送り出すことになるので、それに対応した態勢づくりが望まれる。ときにはグループホテルの協力を得て、派遣を可能にしている。

このような苦労はあるものの、公邸料理人の派遣には、極めて有意義なものがあり、積極的に取り組んできた。その理由の第一は、ロイヤルパークホテルの名を世界に広められる絶好の機会だからである。ことに、大使館に招かれるのが世界のＶＩＰとなれば、なおさらのことであろう。

第二に、料理人の腕が格段に上がって、帰国してくることである。派遣された当時も、一定の実力を有してはいるが、やはり、何年にもわたって社会的地位の高い人に料理をご提供することで、さらにセンスが磨かれるのである。

第三に、料理人が、技量ばかりでなく、人間性もまた磨かれて帰ってきたことを何度も目撃した。それまで調理場という限られた世界にいた人が、海外の大使公邸に赴任することによって、立ち居振る舞いや言葉遣いが洗練され、細やかな気配りも見せるようになったのである。

これらは、社内研修ではなかなか教育できないことであり、これこそが公邸派遣の一番大きなメリットと言えるかもしれない。本人にとっても会社にとっても大きなプラスとなり、同僚たちも大いに刺激を受けているようだ。

公邸料理人の派遣が今後も引き続き行なわれていけば、ロイヤルパークホテルのブランドはますます向上していくのではないだろうか。

表彰制度の導入で目標を設定させる

以上のように、公邸への派遣を含めた海外研修でスタッフの技量向上を図った。

これに加えて、九七年からはコーネル大学サマースクールへ研修生を送り込むことも行なった。これは、部課長クラスを対象としたマネジメント研修で、十年近くにわたって継続し、一巡した時点で終了した。

一方、社内での研修ももちろん積極的に行なったが、ことに力を入れたのがコンテスト形式によるモチベーション向上であった。

例えば、九一年にはベストスマイル・ベストワーク賞、九六年にはパンケーキ・コンクールやカクテル・コンペティション、九八年にはラッピング・コンテストを始めている。

最初のベストスマイル・ベストワーク賞についてだが、ベストスマイル賞はご推察の通り、接客部門における表彰である。料飲、宴会、宿泊の現場スタッフを対象に、各部から出てきた候補者を部長たちが仕事ぶりを一～二ヵ月間観察し、また、推薦者のスピーチなどを参考に受賞者を決めた。

ベストワーク賞は、総務や経理、施設管理など非接客部門のスタッフが対象で、ベストスマイル賞と同様な方法で受賞者を決めた。

これらの中で特にユニークなのが、ラッピング・コンテストだろうか。これは、クリスマスの贈り物をイメージしたラッピングで、欧米のホテルでは、クリスマス・ツリーの下に置いて演出するものとして流行している。

このコンテストでは、普段あまり目立たないスタッフが素晴らしいラッピングを作って活躍した印象が強かった。その意味では、さまざまな目標が働き甲斐に通じるものであり、こういうコンテストを実施して良かったと思う。

さて、このような表彰制度は、広く認知されることが重要なので、受賞者にはバッジを贈って、制服に付けさせた。これを見たお客様が、何かと問えば、そのスタッフは誇りをもって説明し、それに恥じない仕事をするだろうし、選に漏れたスタッフは、バッジを付けたスタッフを見て、次は頑張ろうとの決意を新たにするに違いない。

目標を設定してあげることで、スタッフのやる気を引き出す——これもまた、一つの研修制度だと言えるだろう。

品質向上委員会を発足させた狙いとは

「ベスト・フォー・ザ・ゲスト」という言葉を開業時から掲げて運営し、海外研修や表彰制度を導入しながらも、まだ何か不足しているのではないかと考えた。

そこで、二〇〇三年末に品質向上委員会を発足させた。お客様や現場の声をより早く、より広く取り上げて運営に反映させるのが目的だった。ホテルの三大要素である雰囲気、味、サービスに関して、それぞれ委員会を立ち上げた（後に、衛生管理についても委員会を設けた）。

ホテルは、その性格上、縦割り組織となり、それぞれの部署間で情報が流れにくくなる。そのため、それぞれの部署からスタッフが参加する横断的な委員会を設けて、事態の改善を図ることにしたのである。

各々の委員会を毎月開き、積極的に情報交換し、意見を交わしてもらった。例えば、「お客様がこんなことを言っていましたよ」とスタッフが何気なく小耳にはさんだ些細な情報でもいいし、「私なら、夏にはこんな料理が食べたい」といった個人的な願望でもいいし、ともかく、あらゆる話題を議論してもらうようにした。

ホテルは言わば、プロの集団だから（少なくとも私はそう捉えているし、そうあるべきだと思っている）、自分の仕事に対しては、誇りを持ちながら、知識も経験も深めていこうと、日々努力している。

それはそれで素晴らしいことだが、その傾向が強まりすぎると、一つの考え方に固執してしまう場合が出てくる。そのような固定観念を排除しようというのも品質向上委員会の狙いであった。部外者の声を聞く耳を持ってもらうことで、新しい発見をしてもらおうと考えたのである。

「顧客満足経営」でさらに進化を遂げて

さらに、新たに打ち出したのが「顧客満足経営」である。〇六年のことだ。

具体的に言えば、まず、同年四月に外部の研修会社から講師を派遣してもらい、「顧客満足経営実践プログラム」を実施、その後、グループホテルも加わり、中級・上級管理職を対象に同じ研修を行なった。

なぜ、外部から講師を派遣してもらったかというと、広い視野が得られること、他産業や同業他社との比較ができること、そういう理由からである。この研修は、顧客満足経営を広く考える上で、非常に効果が大きかった。

次に行なったのは、統括会社指導のもと、グループホテルと合同でスタッフの体験談を集めた事例集を作り、グループホテル全体で意識と情報の共有化を図ったことである。

お客様は、いつも同じ目的でホテルを利用するわけではない。仕事で利用する場合もあれば、家族サービスで、あるいは友人同士の集まりで、といった場合もある。となれば、いつも同じサービスを提供したのでは、お客様の満足は得られない。

では、どうすればいいのかと言えば、まず、お客様への感度を高め、お客様とのコミュニケーションを通して、お客様が求めているものを捉え、的確にスピーディに応えていくということである。そうすることで、CS（Customer's Satisfaction ＝顧客満足）、いや、さらにその先を行くCD（Customer's Delight ＝お客様の歓喜）を提供できるのである。

実は、ここで、一つ認識しなくてはならないことがある。サービスに対する考え方が、日本人と欧米人では異なるということだ。

日本人は、「それではもう一つサービスしましょう」と言うように、サービスを「おまけ」として捉える傾向がある。

一方、欧米人は、サービスに対してチップを支払う習慣がある。金銭が介在するということを考えると、これは、ビジネス的な取引と言えなくもない。

だが、日本には、チップの習慣がない。ホテルのスタッフは、チップがほしくてサービスをしているということではないのである。

このことから何が言えるかというと、日本のホテル業はサービス産業の一翼を担っていることは事実だが、それがすべてではないということなのだ。どういうことかと言うと、おもてなし産業、ホスピタリティ産業と呼んだ方が実体をより正確に言い表しているのではないかということなのである。だからこそ、ＣＳやＣＤが重視される産業なのだ。

おもてなしを極めるために、私が常々言ってきたことがある。手短に言えば、「目配り・気配り・心配り」である。この「三配り」を従業員の間で行なうように指導してきた。従業員の間でできなければ、お客様に対してもできるはずがないという考えからである。

「三配り」――おもてなしは、これに尽きると言ってもいいのではないだろうか。

サービスを尽くしたという満足感が活力に

これまでのホテル業界は、お客様を一つのマス、巨大な塊として捉えてきた傾向があった。お客様の嗜好を一つの枠に規定し、それに対応する形でマニュアルを作成して、それに則って接遇してきた。

だが、お客様一人ひとりの顔が違うように、心の持ちようもさまざまである。

近年、私が講演などでよく口にする言葉に「パーソナライズド」や「ワン・トゥ・ワン」がある。そのお客様個人に対して、何をなすべきか、そのことに意識を集中せよ、という意味合いで使用する言葉である。

結局は、この意識がおもてなしの向上に結び付くからである。そして、その基礎には「三配り」が不可欠だということなのだ。

「三配り」を実行したおもてなしの極みを、先ほど触れた事例集から一例を示してみよう。

あるベルボーイがアメリカ人のお客様から「地下鉄で都内観光をしたいのですが、どうすればいいですか」と声をかけられた。詳細を聞いてみると、都内観光の範囲が広いことが分かった。「日本のことをたくさん知りたい」と言う口ぶりからは、その強い思いが伝わってきた。

ベルボーイは、地下鉄のワンデイパスポートが便利であることを伝え、購入方法も教えて差し上げた。そのお客様はエスカレーターを降りていったが、ベルボーイには、その後ろ姿がどうにも頼りなく不安げな様子に見えたという。

実は、そのベルボーイには一つの習慣があって、お客様に何かしらのサービスを提供したとき、お客様の背中を最後まで見届けることにしていた。

それで、いつものように、アメリカ人のお客様の背中を見て、本当に自分が案内した通りに行けるだろうか、と思った。と、その瞬間には、階段を走り下り、お客様を追いかけて、「一緒に買いにいきましょう」と話しかけた。

お客様は、一瞬驚いた表情を見せたが、すぐ笑顔になり、「サンキュー!」と言ってくださったという。

ベルボーイはこのように、わが国独自のおもてなし産業の一員として「三配り」を働かせ、もう一歩踏み込んだ行為を示した。だから、その外国人のお客様は、最初は驚かれ、歓喜に至ったのである。

そして、そのお客様の歓喜が、ベルボーイの心を「最後までしっかりお客様をご案内で

「三配り」を働かせるベルボーイ

きた」との満足感で満たし、その満足感が明日への活力になっていったのである。

開業以来、自分に課してきたこと

ところで、開業以来、長年にわたって私が大切に守り続けたことがあった。ゲストコメントへのご返事を一週間以内にお送りしよう——自ら課したこの使命を守ってきた。

なぜ、そうしたのか。

仮に、お客様が何かにご不満を感じてゲストコメントに記したとしても、それが本当に総支配人に届くかどうか、疑いを持たれるかもしれない。私は、その疑いをなるべく早く取り除き、お詫びした上で、改善策が必要ならば、それをお伝えするべきだと考えた。これができて、初めてお客様から信頼が得られるからである。

とにかく、迅速に対応することが重要なのである。そして、手間暇かけても、お客様とコミュニケーションを取ること。そうすれば、それに見合った、いや、それ以上の成果が得られるはずだと考えて、続けてきたのである。

例えば、お客様から「枕がそば殻ではなかったので、眠れなかった。そば殻の枕がほしかった」というゲストコメントが来たとすると、私は「枕をお選びできるようにご用意しておりますが、説明不足で、大変失礼しました。次にお越しの節は、ぜひご用命ください」と返事を出す。

そうすると、お客様は、必ず来てくださる。「本当だろうか」と確かめに来られるのだ。こちらはこちらで、顧客情報としてコンピューターに入力しているので、今度は間違いなく応対できるというわけだ。

お客様の不満やクレームは重要なヒント

このようなやり取りで、顧客になられた方は数百に上るのではないだろうか。

まず、お客様のご要望に応える姿勢を示し、次につなげる。すると、お客様も敏感に反応する。こういうことが分かると、こちらはますます積極的になって、ご返事を出す。そういう循環で、顧客が増えたわけである（面白いことに、こういうサイクルが軌道に乗ると、自分の方からアイデアが出ることもあった）。

実例を示そう。

香港在住のイギリス人から「USドルやフランス・フラン、ドイツ・マルクは換金できるのに、香港ドルやシンガポール・ドルが換金できず、不満だ」というコメントを頂戴した。当時は、通貨不安などから、主要三通貨しか両替していなかったが、「次回にいらっしゃるときは、香港、シンガポール・ドルとも換金いたします」との返事を送った。

すると、そのお客様が一ヵ月後に再びお見えになった。そして、私を呼んで、「お前の言うことに間違いはなかった。ありがとう、また一ヵ月後に来るよ」と言ってくださったのである（※）。

要するに、お客様のご不満やクレームは、サービス改善のための重要なヒントでもあるのだ。

都内のホテルでも比較的早く導入したランドリーの二十四時間サービスも、外国人のお客様の声がヒントだった。

夜に到着した外国人ビジネスマンがワイシャツをランドリーにお出しになったとする。ご要望が「クイック・サービスで」となれば、そのように対応する。そうすると、そのお客様は翌朝、新品同様のワイシャツを着て、仕事に出かけられるというわけである。

また、お客様のクレームを予測するというのは妙な言い方だが、その予測で改善を図ったことがあった。メインロビーの全面禁煙化である。

この場合は、時代がこのような流れになっているから、お客様の要望もこのような方向に向かうだろう、だから、それに先駆けて改善しなければならないと考えての結果だった。ただ、最初は分煙を行なっていた。それでも、煙草を嗜まない方は煙や臭いに敏感で、分煙はあまり意味がなかった。そこで、二階に喫煙室を用意してから全面禁煙に踏み切った。念のために言えば、ここで注意したのは、あらかじめ喫煙室を設けてから、全面禁煙にしたことだ。順番を間違えて、先に全面禁煙したのでは、トイレで喫煙される方が出かねない。まず喫煙室を確保してから、実施すべきだと考え、その通りに実行した。それでスムーズに全面禁煙に移行できたのだった。

※　同様なサービスで言えば、セブン銀行のATMをロビーに設置したのもそうだ。外国のカードでもキャッシングが受けられるもので、外国人客の声を聞いて導入した。〇八年一月のことで、これも業界ではいち早い対応だった。

いち早く設置した女性客専用デスク

確か一九九〇年代の半ば頃のことだっただろうか。当時、欧米諸国を回っていたとき、女性の商用客が急に増えてきたように感じた。そして、それが事実だとすると、今後、日本にも間違いなくその傾向が表われるのではないか、と予想した。

そこで、外国人女性ビジネス客向けの「ウーマントラベラーズデスク」を設けた。一九九七年十一月のことで、同種のものは都内のホテルでは初めてであった。

女性は男性と違って、一人で食事をとるのにも不自由を感じるし、一人でバーに入ることも抵抗感を覚えるものだ。そもそも、目的がビジネスであっても、一人旅に不安を感じる女性は少なくない。

また、通常のフロントで、たまたま応対したスタッフが男性だと、女性客は些細なことでも頼みにくいものである。

そうした不自由や不安を少しでも取り除いて差し上げようとしたのが、この女性客専用のデスクだった。チェックインにも対応できるようにし、「お困りのことがあれば、どんなことでもご相談ください」という姿勢で、女性スタッフが応対するようにした。

そして、もし、女性客がお一人で食事にお見えになったときは、レストランのスタッフがお一人でも安心して、快適に食事ができるようなテーブルにご案内するなどの配慮を示すようにした。さらには、カロリーや量を控えた女性向けメニューも開発した。

客室においては、化粧品や入浴剤などを揃えた女性用アメニティ・セットを置き、バスローブなど備品も充実させた。お化粧をしやすくするため、浴室内の照明も明るくし、拡大鏡や化粧品を置く棚も備え付けた。

この取り組みが功を奏し、女性ビジネス客のご利用が増えた。先ほどのロビー全面禁煙に踏み切ったことと同様、少し先を見据えた対策が実ったわけである。

こうした日々の努力で、ＪＤパワー　アジア・パシフィックの「日本ホテル宿泊客満足度調査〈1泊15000円―35000円未満〉」で、ロイヤルパークホテルズアンドリゾーツは、〇七年から一二年まで六年連続で第一位を獲得した。

第五章　料飲が死命を決す

改装後の中国料理「桂花苑」

レストランで目を光らせろ

私が東京ヒルトンに在籍し、総支配人になる前後のことである。社員食堂で食事をしていたとき、私の椅子を蹴飛ばす者がいた。振り返ると、リチャード・ハンデル氏だった。私のボスである彼はこう言った。

「ここは、お前が食事をするところではない」

ホテル内のレストランでお客様を接待しながら、料理やサービスを確かめろというのだ。私は幾度もハンデル氏と食事をしながら同様のことをしていたが、社員食堂で食事をしながらスタッフと話し合うのも大切だと考えていた。ハンデル氏はそれも承知の上で、レストランで食事をする方がさらに重要だと教えてくれたのである。

なぜ、ハンデル氏はそれほどまでレストランに固執したのか。それは、料飲こそがホテルで最も重要な部門であると認識していたからだ。「料飲を知らないと、総支配人にはなれないぞ」と、いつも言われていたものだった。

確かに、ヒルトンの総支配人は料飲出身者が多かった。特に都市ホテルにその傾向が強かった。宿泊よりも売上規模が大きいレストランや宴会における原価計算や適正な原価率の把握、品質管理など重要なテーマが多く、総支配人にはこれらの理解力が必須となる。おいしさが顧客づくりにもつながるだけに、料飲の経験や知識は不可欠なのである。

ハンデル氏が総支配人を務めていたとき、一人でも決まった席に着いて、食事をしていた（全体が見渡せる席を必ず選んでいた）。そこで彼は、何らかの情報を得ようと、いつも目を光らせていたのだった。

グアムで知った料飲の面白さ

自分の経験に照らし合わせて考えてみると、料飲の仕事が一番楽しかったように思う。お客様から直接意見を聞くこともできるし、料理の内容や料金を変更すると、その結果がすぐに出る。言わば、打てば響くような反応の速さが面白みに感じられるのである。

私が料飲の仕事に携わったのは、一九七二年開業のグアム・ヒルトンに在籍していたときだった。

開業の前年、開業準備の段階から営業支配人として現地に赴任した私は、ドイツ人総支配人マンフレッド・トーネス氏のもとで働いた。

当時のグアムは、リゾート地としてはまだ発展途上で、こちらの常識では考えられないことが、ときに起きた。

例えば、営業に行って、接待でお客様を連れてきたはいいが、レストランにはサービスのスタッフが全く見当たらないのだ。そこで、私自身がウエイターやソムリエとなってサービスに当たったことがあった。

人手不足ということもあって、トーネス氏はいつも率先垂範で行動していた。彼は料飲出身で、サービスはお手の物だったからだ。私も昼間は自分の仕事をこなし、夜はレストランで接客に当たった。彼と一緒に働くことで、料飲サービスを学ぶことができた。

いつしか、総料理長ほか厨房のスタッフとも親しくなり、ブッフェの料理の差し替えなども直接、厨房に指示できるようになった。

こうして、私は料飲の面白さを知ったのである。

結局、準備期間を入れて二年間ほどグアムで過ごしたが、自分のホテリエ人生を振り返ったとき、このときの体験は大変有意義であったと思える。先にハンデル氏に料飲の重要性を教わったと記したが、このときの経験があったからこそ、ハンデル氏の言うことが一つひとつ腑に落ちていったのである。

「味のロイヤルパーク」を売り出すために

ロイヤルパークホテルの総料理長は、開業時から二〇〇五年九月までの十六年間、嶋村光夫氏が務めた（※1）。

嶋村シェフは、帝国ホテルや日活ホテル、ホテルオークラなどで長年修行してきた大変優れた料理人であり、総支配人の私としても、「味のロイヤルパークホテル」を売り出す意味で大いに力を得ることができ、嶋村シェフの存在をありがたく思ったものである。

その嶋村シェフの威光をさらに強めようと、またロイヤルパークホテルの味を高め、広めようと、賞味会をよく開いた。また、若手や中堅を対象とした料理コンクールがあれば、積極的に参加させるよう、私の方からも後押しした。

折りよく、フランス料理文化センター（※2・FFCC）が一九九〇年に設立され、コンクールが盛んに開催されるようになる時代を迎えていたことも好都合だった。

ただし、おいしい料理の提供は、料理人の腕だけではなく、サービスマンの働きがあって初めて完成するものである。そこで私は、ＦＦＣＣに「サービスマンのコンクールを開催しませんか」と持ちかけた。

このような経緯があって、サービスマンの全国大会「メートル・ド・セルヴィス杯」が開かれた。喜ばしいことに、一九九四年の第一回は、ロイヤルパークホテルのスタッフが優勝した。

また、ＦＦＣＣなどの協力により、九五年十一月二十一日、「15の星のチャリティガラディナー」を開催することができた（※3）。

これは「食と美術を中心とするローヌ・アルプス地方の文化の紹介」と「阪神淡路大震災により親を亡くした子供たちのチャリティ」を目的にしたものだったが、このガラディナーも「味のロイヤルパーク」を印象づけるのに幸いした。

「15の星」とは、参加するシェフが獲得したミシュランの星の数の合計である。ポール・ボキューズ氏やピエール・トロワグロ氏、ジョルジュ・ブラン氏といった錚々《そうそう》たる顔触れで、非常に中身の濃いイベントだった。

ところで、実は、彼らのような有名シェフの料理を大量に、そして彼らの指示通りに忠実に創作して、最高の状態でお客様に提供するには、かなり高水準の厨房態勢が必要なのだが、この点でも、ロイヤルパークホテルの厨房は高い評価を得た。

というのも、有名外国人シェフを招いたイベントは、ほかのホテルでは難しい点が多かったようで、「中村さんのところにお任せしますよ」と言ってくださったことがたびたびあったからである。

こういう舞台裏の事情はなかなか表に出ないが、厨房の隠れた実力を知っていただくために述べることにした。

また、「味のロイヤルパーク」を広めるために、もう一つ取り組めたことがある。日頃の地域密着の営業方針から日本橋三越本店のご協力が得られることになり、同店を通じておせち料理を販売することが可能となったのだ。

そこで、全品自社厨房の製造により、二〇〇〇年度（〇一年一月一日販売）から開始した。当初は限定百個とし、五万円で販売したが、これが大変好評を得て、二百個に増やすことができた。これもまた、「味のロイヤルパーク」としてのブランド向上の一助になったのではないだろうか。

※1　嶋村氏はその後、〇五年十月に料理技術顧問に就任、〇六年五月には料理アドバイザーに就任し、一〇年五月に退任した。

※2　FFCは、東京ガスとパリ市商工会議所が提携し、日本におけるフランス料理文化の振興を図って設立された。

※3　主催はローヌ・アルプス地方商工会議所とローヌ・アルプス地方観光協会。

お客様の動向を見て料飲施設を改修

ここで、改めて、ロイヤルパークホテル開業時の料飲施設を挙げてみよう。

①テーマレストラン「ラバンチュール」(地下一階)
②中国料理「桂花苑」(地下一階)
③メインバー「ロイヤルスコッツ」(地下一階)
④寿司「はま田」(地下一階・テナント)
⑤コーヒーショップ「シンフォニー」(一階)

⑥ロビーラウンジ「フォンテーヌ」（一階）
⑦日本料理「源氏香」（五階）
⑧鉄板焼「すみだ」（二十階）
⑨フランス料理「パラッツォ」（二十階）
⑩スカイラウンジ「オルフェウス」（二十階）

以上、全部で十ヵ所を数えた。

ホテルの料飲施設は一般的に、開業時は入念に計画して開設したものの（なお、個人的な考えを言えば、洋食系の施設が①⑤⑨と三ヵ所もあって過剰に思えたが、設計が進んでいたため、変更ができなかった）、時間が経過するにしたがって需要に変化が生じ、また、新鮮味も失われ、改装や業態変更の検討が必要になってくる。

このことに関して言うと、これまでの経験では、外資系ホテルはその対応が速く、邦人系ホテルはどちらかと言えば、後手に回っていた傾向にあったように思う。

それだけに、日頃からお客様の動向を注意深く見てきたわけだが、まず、時代の要求とは大きなずれが生じていると感じたのは、「源氏香」の和広間だった。当初は、宴会需要を見込んで設けたものだったが、畳敷きの座敷に座るお客様はもういらっしゃらなかった。それで、洋風個室二室に模様替えした。二〇〇〇年八月のことである。

また、もう一つの和風個室も結納需要を見込んだものであったが、こちらも同様で、掘りごたつ形式に変えることで稼働率の向上を図った。

それから、私は当初から気になっていた「ラバンチュール」の改装についても決断した。前述したように、洋食系の施設が多く、実際、このレストランでは利益を確保することが難しかった。

人気施設にさらなる改善を施して

一方、隣接する「桂花苑」は個室から予約が埋まっていくような状況で、人気があった。ある年度の実績を明らかにしてみよう。

最も来客数の多いのは「シンフォニー」で、三十二万八千人を記録し、「桂花苑」は九万四千人だった。

朝から夜まで営業する前者が圧倒的に多いのは当然のことだが、売上高はほぼ拮抗した。「シンフォニー」が六億五千四百万円に対して、「桂花苑」は六億四千二百万円である。「桂花苑」の売上高は「シンフォニー」にはやや劣ったものの、日本料理や鉄板焼、フランス料理を凌駕した。「ラバンチュール」と比べると、二・三倍の規模に達していた。

このような状況を考慮して、「ラバンチュール」の場所を「桂花苑」の一般席に変え、従来の「桂花苑」をその個室に充てることにするなど、大改造を施してモダンで落ち着いた雰囲気の内装とした。その結果、個室を充実させて全部で十室、プライベートな雰囲気を大切にした半個室も四卓設けた。

そして、オープンキッチンに面して十二席のカウンター席を設け、そこでは料理人が前菜を作る動作を見て楽しんでいただけるようにした。さらには、十一席のティーカウンター席を設け、中国茶アドバイザーの資格を持つチャイナドレス姿のウエイトレスによる多彩な中国茶のサービスを楽しんでいただくことにした。

ことに中国茶のサービスは斬新なアイデアと自負できるもので、昼食と夕食の間にはティータイムの営業も行ない、中国式アフタヌーンティーも提供して評判を呼んだ。

○四年八月、こうした新機軸で生まれ変わった「桂花苑」はその後、ロイヤルパークホテルの稼ぎ頭のレストランとなった。

○七年九月には、「シンフォニー」をコーヒーショップからオールデイ・ダイニングと位置づけを変え、ブッフェの内容のさらなる充実を図るために改装した。中央に大きなブッフェ・テーブルを配し、これをオーケストラと見立て、シェフが指揮者、それを囲むブース席はコンサートを見にきた観客という設定で改装を行なった。つまり、店名にふさわしい、「交響曲とオーケストラ」というコンセプトである。

そして、お客様にはゆったり食事を楽しんでいただくため、営業面積を一一%ほど広げる一方で、客席数を百五十席から百二十四席へと減らした。併せて、厨房の「見える化」も行なった。オープンキッチンとして、臨場感を演出したのである。

内装や業態の見直しばかりでなく、新しいサービスの導入も実行に移した。

九八年八月には、ルームサービス部門で「ホームサービス」を開始した。これはケータリングの一種である。近隣の住宅を対象に、ホテル客室でルームサービスのメニューを注文する感覚でご利用いただこうと始めたものだった。新鮮味のあるサービスで話題になった。

「桂花苑」の中国茶アドバイザー

〇一年十月には「シンフォニー」で「シニアサービス」を開始した。こちらは、六十五歳以上のお客様を対象に、ブッフェの割引料金を設定したものだ。子供料金があるのだから、シニア向け料金があってもいいのではないかとの考えで実行したのである。

ブッフェで値上げして成功したわけは

料飲は、ホテルにとって最も重要な部門であり、その品質を高めることで、ホテル全体のブランドを向上させてきたわけだが、昨今は、割安な街中のレストランとの競争も厳しく、価格競争に陥りやすい状況になってきている。

では、値下げをすれば、その分、お客様は増えるのだろうか。答えは、否、である。

私が韓国や台湾、香港へ視察旅行に行ったとき、改めてホテルのブッフェに目が行った。それは、いわゆる旧態の「バイキング」とは異なり、端的に言えば、フランス料理のように、冷たいものは冷たく、温かいものは温かく、オードブルからデザートまでたくさんの種類から、お客様ご自身があたかも自分のコースを作りながら、食事が楽しめるようになっているわけである。

ホテルの料飲施設は街中のレストランと差別化できる要素はいくつかあるが、この視察旅行で感じたのは、その一つがブッフェであると思い至ったのである。

帰国後、私は、箱崎や横浜のロイヤルパーク、千葉・幕張のザ・マンハッタンから二人ずつ計六人の担当者を香港へ派遣した。私が口で説明しても、現場の担当者が直接見ないと理解できないだろうと考えたからである。

彼らが帰国して議論した結果、料金を多少値上げしても、内容を充実させた方がお客様から支持が得られるのではないかとの結論に達した。

料金については、二千二百円から二千七百円と五百円値上げした。率にして二三％の上げ幅になる。

お客様には大きな負担を強いたことになるが、一方では、料理の品目を三分の一以上増やすことで、大幅に見直した。すると、お客様も増え、売上は前年比一〇〜二〇％増加したのである。

これで分かったことは、お客様は「見る目」を持っているということだった。何でも安ければいいというのではなく、その料金を支払うだけの価値があるというものには、積極的に購入するという「見る目」である。

街中の飲食店と比べて、ホテルが際立っている点は、非日常性と異日常性である。家庭では味わえないもの、街中の飲食店では体験できない雰囲気を提供するのがホテルだ。

例えば、最近流行の女子会をホテルが商品化した場合、どのような付加価値を加えていくかで成否が決まると考えるべきだろう。まず料金ありき、では、価格競争に陥って、どんどん下の方に流れていってしまいかねない。利益率も品位も下がってしまう。

先のブッフェの改革で、私どもは、バリュー・フォー・マネー、つまり、お金を支払う価値のあるものには、お客様は喜んできてくださると学んだ。ホテルの商品開発は、すべて、この理論で組み立てていくべきである。

ベトナム・フードフェア開催の意外なきっかけ

さて、前述したように、海外視察で得た情報が有益なヒントとなる例が少なくない。

九五年にニューヨークを訪れたとき、友人から長い列をなすレストランを教えられた。ベトナム料理の店だった。それほどの人気があるならば、と予約を入れて、再び訪れた。

夜は二部営業で、私は午後八時三十分から始まる第二部の席を取っていたのだが、店内に入れない。第一部のお客様がなかなか帰らないのだ。店内を覗くと、ニューヨーカーが多く見られ、すっかり楽しんでいるのを見ると、ゆっくり待つしかないと諦めた。席に着けたのは、結局、一時間ほど過ぎてからだった。

それでも、待った甲斐があった。ベトナム料理は初めての体験だったが、実際に味わってみると、意外にも、日本人の味覚に合っているではないかと驚き、しかも、新鮮味も感じた。ベトナム料理をテーマに、イベントができないか、とアイデアが広がった。

当時、日本ではタイ料理が流行し、認知されていたこともあって、エスニック料理に対する関心は高まっていた。だから、ベトナム料理も注目されるのではないかと見たわけだ。

帰国すると、早速、ベトナム航空と相談し、提携ホテルを探した。そして、ベトナム・フードフェアを開催することに相成った。九七年の二月から三月にかけてのことである。

このフェアは人気も集まり、五回ほど開催することができた。

ホテルは、世界の料理文化を紹介する場でもあると思っていたが、意外な出会いでベトナム料理を日本のお客様に紹介できたことは、私自身の大きな喜びにもなった。

周到な準備を経て開催したフードフェア

ところで、このベトナム・フードフェアをはじめとして、ロイヤルパークホテルでは、積極的にフードフェアの開催に取り組んできた。その理由は、先ほど述べたように、世界の料理文化を紹介できること、話題づくりや情報発信の機会が増やせること、メニュー開発のヒントになることなど、さまざまな理由が挙げられるが、無計画にやってきたわけではないことを申し添えておきたい。

なぜならば、フードフェアについては、その開催時期の検討を含めて、周到な準備が必要だからである。そうしないと、利益を確保することができない。

では、どのような準備を行なってきたか。一言で言えば、協力会社との提携である。

例えば、料理人ほかスタッフの渡航や食材などの輸送には、多額の費用を要するため、航空会社の協賛が欠かせない。また、使用食材を輸入する食品会社があって、その会社の協力を得ることができれば理想的で、こうした連携によって初めて開催できるのがフードフェアなのだ。

また、料理人ほかスタッフを派遣する側（おもにホテル）の利益も考えてあげなければならないし、さらには、相手方の国でいくら有名な料理でも、日本人の味覚に合うかどうか、その検討が必要だ。当方のシェフを交えながら協議して、メニューを選んできた。
こうした一連のノウハウがあればこそ、フードフェアを幾度も開催できたのである。

利益にも影響を及ぼす食器の破損率

料飲部門は一見、華やかだが、利益率は宿泊部門に比べると低く、利益を確保するには相当の努力や仕組みが求められる。これ以降は、料飲部門の裏の取り組みについて述べていこう。

まず、スチュワードの存在に光を当てたい。

スチュワードは一般的に、食器を洗うのが仕事と見られがちで軽視されやすいが、当然ながら、本来の職分は、膨大な量の食器やグラス、カトラリー（ナイフやフォークのシルバー類）、フラットウエア、シェーフィン・ディッシュなどの管理にある。

そのスチュワードは、外資系ホテルでは重要視される職種となっている。食器・グラス類、シルバー類のブリケージ（破損）やロス（紛失）が利益を左右するからである。当然ながら、破損や紛失が多く見られるようになれば、原因と改善法を探るのもスチュワードの仕事になる。

私自身も、その重要性を知ったのはヒルトン時代であった。ヒルトンでは、破損額を料飲売上の〇・二％以内に収めよ、と教えていた。

したがって、私がロイヤルパークホテルを立ち上げる際、ヒルトンの教えに習って、スチュワード課を置いた。従来、この職種は、日本のホテルでは調理部に所属しているところが多いが、私は調理部の了解を得て、料飲部傘下で、独立した課とした。それほど重要視していたわけだ。

大型宴会が続けば、使用する食器類も大量となり、スチュワードの対応ぶりはまさに〝縁の下の力持ち〟である。スチュワードがいなければ、宴会部門は成り立たないと言っても過言ではない。

重要度を増すF＆Bコントローラー

もう一つ光を当てたい職種がある。F＆B（フード＆ビバレージ）コントローラーである。

この職種の役目は、一言で言えば、原価管理である。これを果たすために、料飲倉庫の在庫と出庫の記録と管理、料飲売上の詳細な記録とその比較などを行なう。

その仕事の一環として、レストランや宴会場を巡回し、お客様の評価に見合った料理や飲料が提供されているかどうかも調査する。

また、新しいメニューを開発するとき、料理の内容はシェフが考えるが、価格の決定にはF&Bコントローラーの判断が重要な役割を持つことになる。まさに、料飲部門の〝肝〟となる職種である（なお、開業時は購買部の傘下にF&Bコントローラー課を置いた）。

そのF&Bコントローラーの働きが、つまり原価管理が、新しく開発された購買・仕入システムと連動して、さらに重要度を増してきている。

その新しい兆しは、九〇年代後半のパソコンの普及によるシステム開発で見られていたが、私の現役時代の晩年には、業界で最も進んだ形を示せるようになり、調理部の意識改革を遂行できるまでになっている。どのように変革が進んだのか、簡単に説明しよう。

先ほど述べた九〇年代後半の状況では、まだ購買システムの開発が中心で、原価管理を行なえるまでには至っていなかった。そこで、購買と原価管理を一体化したシステムの開発に勤しんだ。

と同時に、料理の製造部門である厨房においても、売上の概念を持ってもらうようにした。

元来、売上は料理の販売部門である料飲施設において発生するものだが、ここでは、厨房でも料飲施設と同額の売上が立つという考え方である。つまり、原材料は、製造部門を経て商品となり、料飲施設に供給される時点で売上が計上されるという概念である。

厨房でこの考え方が浸透すれば、日々の詳細な売上日報を見ることで、何をどの程度、いくらで仕入れたら利益が確保できるか、こういった発想が生まれる。そして、利益体質へと改善していく方向付けができるわけである。

料理人といえども、ただ料理を作っていればいい時代は終わった。いまは、いかに無駄を抑え、利益を確保していくか、このような意識を持ってもらわなくてはならない時代なのである。

なお、こうした効率経営は、ロイヤルパークホテルのように、厨房がメインキッチン・システムを取っている場合に成立する（※）。主厨房が中心となって、各料飲施設（の厨房）

へ料理の半完成品・完成品を供給する基地として稼働している状況においてこそ、効力が発揮されることを強調しておきたい。

※　開業準備の際、嶋村総料理長と最初に話し合ったのが同システムであった。各レストランがそれぞれ厨房を持ち、それぞれが仕入れを行なうと効率性が下がるので、私の方から提案させてもらった。嶋村シェフにしてみれば、前代未聞のことだったかもしれない。

生産性向上を目指した5S運動の取り組み

さて、以上のような取り組みを行なっても、料飲施設の効率運営はまだ不十分だと感じるところがあった。相次ぐ外資系ホテルの進出で競争が激しくなり、生産性を高めていかないと、生き残れないと危機感を抱いたからである。

そこで、ロイヤルパークホテルは、経済産業省が中心になって設立したサービス産業生産性協議会の活動に参加して、生産性向上を図ることにした（※）。

同協議会は〇七年に発足したもので、その取り組みの趣旨を簡単に言えば、製造業のノウハウをサービス産業にも取り入れて、革新を図っていこうというものだ。先に、その根幹を示すと、製造業の世界で「5S運動」と言われる向上策、整理・整頓・清潔・清掃・躾《しつけ》（習慣化）を重視して生産性を上げていった（ホテルの料飲施設では清潔・清掃の重視により、衛生管理も向上策の一つとなる）。

では、具体的に、どのようなことを行なったのか。中国料理レストラン「桂花苑」の現場改善を徹底的に行ない、それで得たノウハウをほかの料飲施設にも生かしていくことにしたのだ。

まず、調理部門の人の動きを分析すると、食材や料理の運搬や在庫把握に時間がかかりすぎていることが判明した。例えば、前菜を作る料理人の歩行経路が四時間の稼働時間のうち、冷蔵庫と洗い場の四ヵ所と持ち場を合計二十二回も往復していた。一往復を三十秒としても、十一分の無駄になる計算だ。

この原因の一つは、調理場の複雑なレイアウトにあった。調理場は、中心となる厨房のほか、点心を作る場所、前菜を作る場所と三ヵ所に分かれており、また、冷蔵庫は十六ヵ所を数え、現場では食材を出し入れするために、調理場内を歩き回るのが仕事になっていたのだ。

　こうした現状分析から問題点が浮上し、改善点が見えてきたのである。例えば、冷蔵庫内のレイアウトを整理することで、作業の無駄を省いた。一番奥に保管期間の長いものを置き、入り口に近づくにつれ、すぐに使うものを置くというルールを決めて、棚には内容が分かるラベルを貼るようにした。

　この一連の行動は、整理・整頓である。これだけでも食材探しに取られる時間が減少し、最終的には料理長の行動に余裕が生まれ、ホールに出てお客様にご挨拶ができる時間が取れるようになったのである。

※　私自身が同協議会のサービスプロセス委員会の委員に名を連ね、常務取締役総支配人の南安（みなみ・やすし）氏が人材育成委員会の委員に名を連ねた。

お客様との接点が増えたことを大いに評価

需要予測に応じた工場生産の考え方を、厨房に導入する取り組みも行なった。

「桂花苑」の営業状況を調べると、お客様の七割が予約客と分かったが、それ以前は、大まかな料理の食材を発注し、いつも同じ数の料理人を配置していた。

だが、これだけ予約客が多いと、事前に客数と必要な食材量をある程度把握できる。つまり、需要予測に応じた生産態勢を整えることができるわけだ。まさに製造業の発想を取り入れて、改善を図っていった。

一方、「桂花苑」のサービスについても見直しを行なうと、問題点が明らかになった。調理場から個室に至る通路に備品を載せた棚があり、スタッフ同士がすれ違うことができずに、スムーズなサービスに支障を来たしていた。そのため、備品の要不要を確かめ、棚を撤去するまでに至った。

では、このような調査と改善で生産性が向上するということに、どのような意味があるのだろうか。

私が最も重要なこととして評価したのは、現場の作業の効率化によって、お客様との接点が増えたことである。料理長については先ほど述べたが、サービスの担当者も快適な環境の中でサービスに専念することができ、余裕をもってお客様に接することができるようになった。

ホテル業界では、古くから「手間暇かけたお客様とのコミュニケーションによってのみ、顧客を獲得できる」と言われてきた。それだけお客様とのコミュニケーションが大切だということだが、以上のような改善に取り組むことで、時間が捻出でき、お客様の満足度をより高めることができたのである。

また、製造業の世界では「多能工化」が行なわれているが、厨房の世界でも進めていった方が望ましいだろうと考えた。

例えば、中国料理においては、鍋を振る人、点心を作る人、前菜を作る人、下準備をする人といったように、役割分担がはっきりと分かれているが、すべての料理人がどの仕事もこなすことができれば、人員配置の適正化を実現できる。

言わば、インダストリアル・エンジニアリング（ＩＥ）の手法を取り入れたことで、こうした改革も進みつつある。誠にもって、有益な取り組みになった。

第六章　将来を見据えたとき

ロイヤルパークホテル ザ 汐留の客室

目標を据えてチェーン展開

八九年にロイヤルパークホテルが開業して、その四年後の九三年には横浜に、九五年には仙台に新たなロイヤルパークホテルが開業した。

横浜は当初、横浜ロイヤルパークホテル　ニッコーという名称で開業した。三菱地所と日本航空開発の共同出資（出資比率は前者九〇％、後者一〇％）による㈱横浜ロイヤルパークホテルの経営でスタートしたものだ。日本最高層のビル、横浜ランドマークタワー内のホテルとして評判を呼んだ。

仙台ロイヤルパークホテルは、三菱地所が仙台市郊外で街づくりを進めてきた泉パークタウン内に開業した。七二年造成開始という息の長いプロジェクトにおける象徴的な存在として、大いに注目を集めた。

このように、三菱地所では大きなホテル・プロジェクトが相次いだが、実は、八九年以前には、岡山国際ホテル、名古屋第一ホテル（後のロイヤルパークイン名古屋）、厚木ロイヤルパークホテル、ホテルオニコウベの四ホテルを所有または経営、あるいは出資という形で展開していた。

この顔ぶれから判断すると、横浜での開業以降は、新たなチェーン展開に入っていったと言えるのではないだろうか。

なぜ、そういうことが言えるかというと、将来を確かなものとするために「ロイヤルパーク」のブランドを広め、高めることに重きを置くという、はっきりした目標を据えてチェーン展開を行なうようになったからである。

ホテル業界では、「一館主義」だとどうしても組織の硬直化を招き、その会社もスタッフも将来展望を持つことが難しくなる。営業的にも孤立し、発展性は失われる。

一方、チェーン化を図れば、大きな利益をもたらしてくれる。人員配置の幅が広がり、組織が活性化する。スタッフも自分のキャリアをどう築いていくべきか、その展望を描くことができやすくなる。また、そういう人事面の優位性が、ホテル業界に進もうという学生の間に知れ渡れば、より優れた人材が集まってくる。

チェーン化の利益は、食材やその他資材を共同購入することによるコストの抑制など、ほかにもあるが、やはり、最も評価すべきは、組織や人材に及ぼす好影響である。もちろん、チェーン化を推進するにあたっては、全体の品質の維持が重要であり、それができてこそ、ブランドの向上に結び付くことは言うまでもないことである。

チェーン化の狙いは、単なる規模の拡大にあるのではないことを明言しておきたい。その証拠に、次に一般的なホテル運営以外の実例を示そう。

外部事業にも積極的に参画

品川・八ツ山の台地に、開東閣という重厚な西洋建築がある。完成は明治四一年。西暦で言えば一九〇八年だから、百年以上の歴史を持つ建物である。

これは、三菱の創始者・岩崎弥太郎氏の実弟・弥之助氏が名建築家ジョサイア・コンドルに依頼して建てた邸宅で、現在は三菱グループの迎賓館として利用されている。

その開東閣の会食用の料理を十五年ほど前から請け負っている。

ロイヤルパークホテルが開業する以前は、別のホテルが担当していたが、厨房設備に制約があり、西洋料理しか出せない状況にあった。

折りしも、免震工事で一年間閉鎖される情報が舞い込んだ。

そこで、同じ三菱グループの施設だということもあって、自ら受託に向けて動いた。厨房を改修し、料理の幅を和洋中と広げることで受注した。

また、その話の前のことだが、ホテルが開業して五年ほどたって、外部出店の第一号を実現させている。

当時、日本開発銀行（現・日本政策投資銀行）は、接待場所として乃木坂クラブを持っていたが、その運営者を探していた。ロイヤルパークホテルもどうやら候補の一社に挙がっていたようで、先方の担当者が「源氏香」で試食してお気に召されたことを知った。それで、私自身も積極的に営業に動き、受託に成功した。

以来、ここで会食された多くの財界人は、ロイヤルパークホテルが運営していることをお知りになり、ブランド構築の大きな一助となった。

一方、場所は変わって、東京・六本木の鳥居坂。その地にある国際文化会館は、建物は国の登録有形文化財に指定されており、名建築の誉れが高い。

また日本庭園の美しさもあって、こちらでも評判を呼んでいる。戦前には三菱の岩崎小弥太邸があり、その当時、名匠・植治《うえじ》こと小川治兵衛氏が手がけた庭園が今日も生かされている。

国際文化会館は、ジャーナリストとして活躍した松本重治氏が発案者となって誕生した会員制ホテルである。一九五五年の竣工以来、海外から多くの学識経験者や研究者、著名人が宿泊し、国際的な相互理解に貢献してきた。

やがて、年月が進み、施設が老朽化し、改装に合わせて耐震工事も必要となった。その際、「自営から委託に切り替えたいので、請け負ってもらえないか」との話が来た。大変ありがたいことで、断る理由は何もなかった。六本木という重要な場所に、格好の拠点を得ることになるからである。従来からの従業員はロイヤルパークホテルで再雇用し、宿泊やレストランのほか、結婚式も積極的に請け負うことになった。それが二〇〇六年のこと。こちらもブランド構築に大いに役立った。

統括会社設立で収益向上とチェーン拡大を

二〇〇〇年十一月、ロイヤルパークホテルズアンドリゾーツが設立され、私が社長に就任した。同社は、当時、七軒のグループホテル（※）を統括する役目を担って誕生した。

簡潔に言えば、同社の使命は二つあった。

一つはグループホテルの収益向上とブランド構築を実現することである。当時は連結決算の時代を迎えていて、子会社と言えども利益を上げて、連結経営に貢献していかなくてはならない。利益体質に向けて強化する狙いから統括会社を設立したのである。

もう一つは、世界のホテルと対等に共存しながらビジネスを拡大していくためである。具体的には、運営受託やコンサルティングを請け負うことでもチェーンを拡大していくことを視野に入れて設立したものである。

実際、運営受託事業としては、千葉市幕張のホテル　ザ・マンハッタンを〇一年から、コンサルティング事業については、一畑電気鉄道経営のツインリーブスホテル出雲（〇一年開業）において手がけた。

このようにグループを拡大していけば、人材の活用枠も広がり、スタッフ自身も将来展望を持ちやすくなる。この意味においても、事業拡大は重要である。

人事の面においてさらに言えば、統括会社には、各ホテルに幹部を派遣する人事権を持たせた。また、各ホテル間で人事の交流を図れるような仕組みづくりも行なった。結果、こうしたことで、ノウハウの共有化も達成できる。今後も統括会社の役割は大きくなっていくはずである。

※　ロイヤルパークホテル、仙台ロイヤルパークホテル、横浜ロイヤルパークホテル、厚木ロイヤルパークホテル、岡山国際ホテル、ロイヤルパークイン名古屋、ホテルオニコウベ。

議論を経て取り組んだ汐留の計画

さて、ロイヤルパークホテルのチェーン展開で、特に述べておきたいことがある。〇三年に開業したロイヤルパーク汐留タワー（現在はロイヤルパークホテル ザ 汐留）のことである。それまでのグループホテルとは異なり、宿泊主体型のホテルとして開発したものだが、同種のホテルの先駆けとして広く注目され、優れた業績を上げることに成功したが、なぜ、これに取り組むことになったのか、そして、成功を期するために多くの新機軸を取り入れたことについて、少し詳しく触れてみたい。

もともと、この建物には別のホテルが計画されていた。第一ホテルの進出が予定されていたのである。

ところが、第一ホテルが経営破綻し、計画が宙に浮いてしまった。そこで、〇一年の夏から秋にかけて運営者の再募集があり、五～六社ほどが応募、最終的にロイヤルパークホテルに決定した（また、三菱地所内でも事前に議論が重ねられ、その上で、出店が認められたという経緯がある）。

当時、日本の都市ホテルは、一つの枠から抜け出せないような状況にあった。施設づくりも運営手法も、既成概念に囚われているようなところがあった。

一方、市場では、さまざまな形態のホテルが求められるようになっていた。海外旅行が盛んになって人々のホテルを見る目が肥え、また若い世代を中心に価値観が多様化し、ホテルの利用法に変化が生じていた。

こうした流れを見て、これからは「差別化」が重要になると感じていた。もしかしたら、汐留で全く新しい形を示すことができるのではないか――まず、こう考えた。

そして、外資系ホテルの進出が日本のホテル業界を大きく変えるだろうという予感があった。これからの傾向として、国際的なホテルチェーンがますます進出してきて、競争が激しくなる。私たち邦人経営のホテルは否応なく、国際的なチェーンと切磋琢磨して生き残る道を探らなければならない時代になるだろう、と。

そこで、従来の殻を破った新しいホテルを創造することで競争力を強化すべきではないか。箱崎と同様の形態をとらなければ、競合も避けられるはずだ――これが第二の考えだった。しかも、後に触れるように、汐留という地区が新世代型の街になるという立地にも魅力が感じられた。

このような考えのもと、汐留の計画を進めることになったのである。運営主体は㈱ロイヤルパークホテルズアンドリゾーツが一〇〇％出資する㈱ロイヤルパーク汐留タワー。取締役社長には私が就任した。

宿泊主体型でもデザインや施設は一流ホテル

汐留のホテル計画は、シングルが一五平方メートルという広さで、五百七十六室の客室規模ですでに基本設計が完了していた。

しかし、これでは、客室が狭すぎて、新業態のホテルには不向きの設計案だった。そのため、できうる限りの修正を施し、図面を書き換えていった。結論を先に記せば、最小のシングルでも二〇平方メートル、客室数は四百九十室となった。

料飲施設は、宿泊主体型ホテルを志向したため、洋食部門についてのみロイヤルパークホテルへ委託することとし、日本料理、中国料理、カフェをテナントとした。

宴会場は最も広いもので二八二平方メートル、そのほか小会議室を五室設けるに留めた。

問題は、一一〇〇平方メートルに及ぶ地下の空間をどうするか、であった。一部をコンビニなどに割り当てるにしても、大半は余ってしまう。

そこで生まれた案が、都会の中に癒しの空間を提供しようという考え方である。

箱崎のロイヤルパークホテルでは、アンチエイジング（老化対策）のパイオニアとして世界的に知られるスイス生まれのエステ「サロン ド ラ・プレリー」を九八年から直営で営業しており、都市ホテルにおけるスパ・エステ機能の充実にいち早く取り組んでいた。

そういう経緯もあって、汐留でもスパの誘致に取り組んだ。

まず、国内の業者数社と交渉したが、残念ながら、私が考えていたイメージとは異なっていた。そこで、海外に目を向けて調査をすると、日本市場に関心を持つスパ業者と出会った。マンダラ・スパ（※）である。

知名度や技術面で申し分ないと思った私は、開業までに残された時間が少ないことも

マンダラ・スパの個室

あって、マイアミ本社で執務中の社長と電話会談を行ない、忌憚《きたん》なく話し合った。その結果、条件面で合意に達することができ、招致に成功、これでようやく新しいホテルの形態が整ったのである。

なお、デザインはＫＡＪＩＭＡ　ＤＥＳＩＧＮが中心となり、パブリックの部分にはロンドンのフォックス・リントン、客室部分にはハーシュ・ベドナーといった著名デザイン会社が加わり、上質な空間の創造を目指した。

ロイヤルパーク汐留タワーの実体は、経営面から見れば宿泊主体型ホテルであるが、お客様の目から見れば、一流都市ホテルとなるような開発を心がけた。完成したホテルを見て、その通りのものが出来上がった——そう思ったものである。

※　当時、アジア地区の本社をインドネシアのバリ島に構えるマンダラ・スパ・アジア社は、アジア地域においては四十以上のスパを運営していたが、日本へは初進出となった。

効率経営という新しい方向性を示す

ところで、私は、この新業態のホテルを、三つのキーワードで開発していった。その第一は「スタイリッシュ」。主たる顧客層をヤング・エグゼクティブと想定し、その客層にふさわしいデザイン空間を創造しようとした。

第二は「コンビニエント」。二十四時間営業のコンビニやテレビ一体型のパソコン「サイバー・コンシェルジュ」の導入によって、人的負担を抑えながら情報サービス機能のほか、ルーム・デリバリーサービスの機能も搭載、ホテル内の料飲施設や提携先の外部飲食店、地下二階のコンビニ店から注文を取り寄せることを可能にするなど、利便性を追求した。

このデリバリーサービスは、現在も愛用者が多く、このホテルの人気要因の一つになっている。また、テレビ一体型パソコンの導入はわが国のホテル業界では初めてであり、画期的なことでもあったし、スペースの有効活用の面でも効果があった。

そして、第三は「フレキシブル」。会員制のタイムシェア・サービス（後述）やサイバー・コンシェルジュによるエクスプレス・チェックアウト、会議室が二十四時間いつでも利用可能といった、柔軟性あるサービスの提供を実施した。

では、開業後は、どのような様子を見せただろうか。

一口に言えば、予想外のことがいろいろと起きた、ということになろうか。

まず、開業一年後には、月間のＧＯＰ（営業総利益率）が四〇％を超えたことである。これほど早い時期に、これほど高率のＧＯＰを計上できるとは思わなかった。お客様に注目していただいたこと、そして徹底した効率経営（前述したコンセプトによる手法により、開業時の正規従業員を八十人に抑えたこと）の賜物であろう。

タイムシェアの会員が一年間で規定枠の五千人を超えたことも予想外の一つだった。空き室があれば、何時でもチェックインを受け付け、基本を五時間八千円とし、最長八時間利用できる仕組み（開業時）としたが、これが好評だった。

「新世代型24時間メディアシティ」（※）を標榜した汐留地区の特性から昼間の仮眠需要を見込んでこの会員制を導入したわけだが、実際の利用者層は汐留地区のお客様に留まらず、幅広い層から関心を引き付けたのである。清掃チームを増やすほどの利用状況が見られた。

※　〇一年に汐留地区街づくり協議会が発行した小冊子『汐留地区開発プロジェクト 総合案内』によ

ると、「5万人都市へと生まれ変わり」、「広告会社、テレビ局、通信社などマスメディア各社をはじめ、日本を代表する企業の本社が集結」することになり、「新世代型24時間メディアシティ」と謳っていた。

うれしい誤算が相次いだ新業態ホテル

外国人のビジネス・エグゼクティブのご利用もあまり見込んでいなかったが、「もう少し広い部屋がほしい」という声がよく聞かれるようになり、ツインルームをダブルに転換した。こうした部屋が二十二室に及んだ。

婚礼のお客様のご利用が多く見られたのも、うれしい誤算だった。当初より婚礼のお客様は営業の対象とせず、その関連施設を計画していなかったため、婚礼の受注は全くの想定外であったのだが、開業すると、問い合わせが相次ぎ、年間五十件程度は申し込みがあるかもしれないと予想した。

ところが、〇四年四月からの一年間で八十三件の実績を上げた。宴会場が二十五階の位置にあり、眺望の良さもあって、お客様を呼び込んだようである。

ただ、ごく一部のお客様からは批判の声も聞かれた。箱崎のロイヤルパークホテルのお客様が箱崎と同様のホテルを期待されてご利用され、ご不満をお持ちになったものである。箱崎がフルサービス・ホテルとすれば、汐留はリミテッドサービス・ホテルである。性格が全く異なるので、それをご存じでないお客様からご不満があったのは、こちらの説明不足によるものと言える。実際、時間が経過するにつれて、誤解によるご不満は皆無となっていった。

さて、このような想定外の出来事を経験しながら、ロイヤルパーク汐留タワーは大きな成果を得ることができた。汐留のスタッフに向かって、私は「ここで新しいロイヤルパークのブランドを築き上げよう」と叱咤激励してきたが、ある程度実現できたのではないだろうか。

環境保全への視野も欠かさずに

このロイヤルパーク汐留タワーの開業一年後、ロイヤルパークホテルでは、統括会社と共同で、○四年三月、環境マネジメントシステムの国際規格であるＩＳＯ１４００１の認証を取得した。これは、環境保全を重視する対策の一環だった。都市ホテルでは比較的早く取得したように記憶している。

ホテルは元来、お客様へのサービスを最優先しなければならない。いくら環境のためといっても、照明を暗くしたり、アメニティ類を少なくしたりすることはできない。

しかし、それでも、取り組める部分は少なくない。バックヤードと呼ばれる事務所部分を中心に環境目標を設定し、電気・ガス・水やコピー用紙の節約、あるいは、一般廃棄物、食品廃棄物、産業廃棄物の削減、アメニティの見直しなど、課題は数え切れない。

こうした認識から、社内で環境委員会を組織し、各部門に責任者である環境リーダーを置いて、目標に向けて行動を起こすようにしたのである。

例えば、毎日の朝礼で、ＩＳＯに関する指導や伝達、ごみの分別や電気・ガス・水などの使用に関する確認、各部員からの意見の吸い上げなどを励行した。ちなみに、〇六年五月には、全客室に分別ごみ箱を設置している。

ホテルは、それ自体が複雑な構造を持った小さな都市である。お客様のために快適性を高めるノウハウを追求しながら、その裏では浪費を防いで環境保全に配慮する、といった複雑な特質を備えた世界である。この二律背反する課題を解決する能力、それこそがこれからのホテルに求められているのではないだろうか。

日本で初めて取り入れた集中予約システム

また、ＩＳＯ１４００１の認証を取得した同年、〇四年十月には、もう一つの新しいシステムが本格稼働に入った。集中予約システム（ＣＲＳ＝Central Reservation System）である。

ホテルへの予約ソースは、①電話、②インターネット、③世界的な予約網のＧＤＳ（Global Distribution System）、そして④旅行会社と、四つに上る。これらを一つの窓口で受けられるように一元化することで、グループホテルの予約業務の効率化を図るとともに、共通の顧客システムによって、お客様の満足度を高められると判断して導入したのである。

これは、世界のホテルチェーンが採用している宿泊予約システムと同様のもので、日本のホテルチェーンでは初めての例となる（この時点では、ロイヤルパークホテル、横浜ロイヤルパークホテル、ロイヤルパーク汐留タワーを対象とした）。

そのシステムを「ロイヤル・アクセス」と名付けたが、ソフトはマイクロス・フィデェリオ社製である。

当時、フィデェリオ社はアジア太平洋地区の本部をオーストラリアに置いていて、日本への参入を計画していた。言わば、ロイヤルパークホテルとフィデェリオ社の時機が合致したわけだが、フィデェリオ社を採用した理由は、もう一つあった。世界の有名ホテルチェーンや航空会社も採用していて、将来、連携も可能になるからであった。

例えば、同じシステムは香港のシャングリ・ラでも採用されており、ロイヤルパークホテルの研修生が現地へ派遣されても、違和感なく仕事ができるという利点もあった。

さらに言えば、旅館業界を含め、国内の同業他社との連携も可能になる能力を秘めていて、優れて汎用性の広いシステムであった。

それだけに、本格稼働の直後には、日本の大手ホテルも見学に来られ、業界の関心の高さが感じられた。

ようやく注目され始めた観光立国政策

〇八年十月、観光庁が発足した。ようやく、このときが来たかと実感した。ロイヤルパークホテルが開業十周年を迎えた一九九九年、ある新聞の取材で「観光を国策に」と私自身も提言していたからである。

（なお、このとき私は、併せて、全国各地の観光名所には、英語の説明や表示を備えているところが少ないこと、内外価格差が縮小しているのに、東京はいまだに物価の高い街と見られているのはPR不足が原因で、これらを改善すべきだ、といったことを述べた）では、なぜいち早く提言できたのか。それは、ヒルトンに在籍し、国際的な視野で世界情勢を見ることができたからであろう。

欧米では、観光が産業として（つまり、大きな利益をもたらすものとして）広く認められ、社会的地位を得ていた。が、日本では、観光＝遊びの認識が強く、産業としては全く認められていなかった。そんな情勢を見比べて、観光に目を向けてほしいと思い、「観光を国策に」の言葉が出たのである。

その後、二〇〇二年に小泉純一郎首相が観光立国宣言を行なっている。首相に直接お話を聞く機会があったが、そのとき、「フランスやイタリア、アメリカには年間数千万人の観光客が訪れるのに、日本への外国人観光客はわずか五百万人。手を拱《こまね》いている場合ではない」と語っていた。

それで、観光立国宣言を行なったようだ。恐らく、小泉元首相の発言が観光庁設立の起爆剤になったのではないだろうか。

その年には、国土交通省が中心になって、「ビジット・ジャパン」の掛け声のもと、訪日外客数を増やす対策が実行されるようになった。宿泊業界もそのために何ができるかといった議論が活発になり、ホテル業界と旅館業界が一致団結する機運が生まれた。私が日本ホテル協会の会長を務めるようになってからも、旅館の団体と協議した。それまで、個々に活動していたものが一本化され、効果的な対策が打てるようになった（※）。

そして、いよいよ、〇八年に観光庁が設立された。国の意識が変わったのは、大いに歓迎すべきことだ。

※　旅館業界においては、一二年十月、一般社団法人国際観光旅館連盟と一般社団法人日本観光旅館連盟が合併、一般社団法人日本旅館協会が発足している。

有効手段はＭＩＣＥの獲得

その観光庁が、発足の二年後の一〇年に「Japan MICE Year」（※1）を打ち出した。ホテル業界の関係者には、ＭＩＣＥが何であるか、説明は不要だろう。

ＭＩＣＥは、多くの集客が見込める。そこで、観光庁は観光立国の一環としてＭＩＣＥを重要課題として捉え、積極的に誘致する施策を打ちながら、訪日外客数の増加や観光産業の発展を図ることになったわけである。

私自身もトップ・セールスを行なったことがある。プリファードホテル・グループの経営者や総支配人が集まる年次世界大会「インディペンデント・ホテル・フォーラム（ＩＨＦ）２００５」を誘致したいということで積極的に営業を行ない、これに成功した。

具体的には、その前年にロンドンで開かれた同大会において、官民一体となって、また会員ホテル（※２）が一致協力して、「会議を成功させることに全力を傾ける」とアピールした。

このときは、東京のほかに、バルセロナやカンクン、ラスベガスなどが立候補していたが、私は何としても、世界のホテリエに東京を見てもらいたいと思い、力を注いだ。とりわけ、東京コンベンション&ビジターズ・ビューロー（ＴＣＶＢ）の協力で、航空料金の五〇%割引が可能となったこと、また、用意したプログラムが魅力的であったことが誘致成功につながったと思う。

※1　MICE=Meeting, Incentive Tour, Convention, Exhibition.
※2　ロイヤルパークホテルのほか、横浜ロイヤルパークホテル、パレスホテル、京王プラザホテル、そして現在のザ・プリンスさくらタワー東京が会員ホテルだった。

一人の担当者に権限を与えよ

また、私が日本ホテル協会の会長を務めていたときのことだ。北海道・洞爺湖のザ・ウィンザーホテル洞爺リゾート&スパでサミット（※）が開催されたが、このとき、当時の国土交通大臣から支援のご依頼があった。

そこで協会は、ウィンザーホテルと協議して、五十人ほどのスタッフを協会加盟ホテルから派遣した。

結果は大成功だった。大臣は、関係ホテルのスタッフ一人ひとりに感謝の言葉を述べられたのである。

サミットは、文字通り、ＭＩＣＥの頂点に立つ存在である。サミットを間違いなく運営できる能力を示すことができたということは、日本のホテルの実力を示せたことでもあり、私自身も大いに喜びを感じたものであった。

ところで、ＭＩＣＥが注目され、ホテル業界でも専門家を育てようとする機運が生まれているが、どういう意味合いでこういう掛け声が出てきているのか、少々疑問を感じることがある。ＭＩＣＥの運営については、ホテルの各部門を束ねる担当者がいれば、円滑に進む（もちろん、この担当者はホテルの各部門の業務に精通していることが前提となる）。

従来、日本のホテルでは、宿泊、料飲、宴会とそれぞれ担当者を決めて当たってきたが、それは明らかに間違いだ。ＭＩＣＥをよく理解している一人の担当者が、先方のオーガナイザーと協議し、宿泊、食事、宴会、会議、そして支払い方法などの事項を決めていけば事足りるのだ。

私はこのことをヒルトン時代に学んだ。だから、私が総支配人を務めていたときは、担当者に権限を与え、各部署には「担当者の指示にしたがって受け入れ態勢を整えるように」と伝えた。

要するに、これだけのことである。が、この仕組みを分かっている人が意外に少ないのではないだろうか。だから、「専門家を育てよう」という、少し的外れな、意味不明な声が上がるのではないだろうか。

ＭＩＣＥの大変なところは、実は、受け入れよりも営業にある。いかに誘致できるかが勝負なのである。先に「ＩＨＦ２００５」のトップ・セールスについて触れたが、自分自身の体験をもとに言えば、プレゼンテーションの良し悪しが成否を決めるのだ。「専門家を育てよう」というのであれば、営業担当者の養成に力を入れるべきだろう。

※　〇八年七月七〜九日に開催。一軒のホテルが主会場に選ばれたことが特筆される。各国の首脳たちは、ホテルの敷地を一歩も出ることなく、会議に没頭した。

誤解していた若者に対する印象

では、今後、観光立国に向かって何をなすべきなのか。第一は、人材教育である。

私が日本ホテル協会の会長を務めていたとき、六年ほど前に、ある新聞の取材でこう話したことがあった。

「観光学科や観光を授業で教える大学はフランスに百校、アメリカに四百校あるが、日本には二十校しかなく（取材を受けた当時）、教育機関が不足している」

欧米との格差はあまりにも大きい。本当に観光立国を目指すのであれば、まず、教育機関を増やさなくてはならない。

かく言う私もいまは、明治大学で三年間にわたってツーリズム産業論をコーディネートしている。それで感じたのは、学生の意識が受講前と後では大きく変わったことだった。例えば、こんな声が聞かれた。

「ツーリズム産業がこれほど裾野の広い産業だとは思わなかった」

「国が産業の一つとして育てようとする理由が分かった」

「ツーリズムとは、自分が楽しむものだと思っていたが、この産業界に入っても楽しさが感じられるに違いないと思った」

「就職先として考えたことはなかったけれど、これからは考えてみたい」

このように変化が起きていたのだ。

その一方で、私自身の若者に対する印象も変わった。

二〇一一年から私は、ホスピタリティ ツーリズム専門学校の校長を務めているが、自分は完全に誤解していたことを思い知らされた。

それまでの私の若者に対する印象は、社交的でなく、クラブ活動に没頭するような積極性もなく、言われたことはきちんとやるが、創造力がない、といったものだった。

ところが、専門学校で学生に接すると、そのようなイメージは吹き飛んだ。創造力があり、何事にも積極性を示す学生が多いことに驚いたのである。

同様な印象は、明治大学でも抱いたものだった。レポートを読むと、学生の知的水準の高さがよく分かった。

彼らは、これからの観光産業を築いていく人材である。それだけに、大事に育てていく施策の検討がますます必要になってくるのではないだろうか。

外資系ホテルの総支配人が若い理由

先ほど触れた日本ホテル協会の会長就任時に、私は十二を数えていた支部に赴き、会員ホテルから要望を尋ねた。すると、「教育・研修プログラムを充実してほしい」という声をよく聞いた。会員ホテルは独立系のホテルが多く、これらのホテルでは、教育・研修に時間と費用を割く余裕がないのが実情である。私は努めて、この声に応えた。

では、自社のホテルでは、どのような対策を立てたのか。そのことについては、第四章を中心にして述べてきたが、言い足りなかったことを補足しよう。

欧米のホテルチェーンには、マネジメント・トレーニー制度というものがある。優れた幹部候補生を数年ほどの短期間に各部署を巡回させながら、徹底的に教育を施す制度である。こうすると、三十代の優秀な総支配人が誕生するのだ。彼らは、学んだことをすぐ実践できる。つまり、若いうちから理論と体験を通じて、広く現場を知ることになるので、これほどホテリエに適した育成法もない。

実際、私がヒルトンに在籍していたときにも、この制度で教育を受けた幹部候補生が何人もいた。ヒルトンの採用担当者がコーネル大学やローザンヌのホテル学校へ出向き、面接して採用し、東京のヒルトンでも何人か修行させていた。その中には、いまは日本のホテルで総支配人として活躍している人もいるし、半世紀前、一九六三年に開業した旧東京ヒルトンの初代総支配人、オラフ・ボンデ氏は三十六歳の若さで着任している。

そこで、従来の教育内容に加え、二〇〇二年からこの制度を取り入れた。ただし、対象者は一人ないし二人とわずかであり、仮に、その制度に乗れなかったとしても、幹部になり得る才覚を持った人が失望することはない。この制度はあくまでも育成法の一つであり、「将来は総支配人」と夢を抱いた人には、「努力すれば、道は開ける」と言い添えておきたい。

おもてなしのプロにも正当な評価を

また、その一方で、プロのサービスマン、その道に精通した専門家を育成することが重要であることも論を待たない。

これは、私自身の経験からも感じられることだが、「お客様は人に付く」ものである。お客様は、おもてなし上手のスタッフと出会うことで、彼または彼女のファンとなり、常連客となるのである。

私の例で言えば、外国人のお客様の中には、ファーストネームで呼び合い（お客様がそう呼びなさいと言うのだ）、友人同士のようなお付き合いが生まれたこともあった。欧米では、利用者とホテリエは対等の関係だという認識があり、その認識が関係を深化させるのだろう。こうした関係が築けると、仕事は楽しくなり、人間的にも幅が広くなったと感じたものである。

さて、プロのサービスマン、言わばおもてなしのプロが多ければ多いほど、そのホテルには常連客が多いということになる。「ホテル経営安定の基礎は、常連客にあり」と言われるだけに、おもてなしのプロの多寡がそのホテルの命運を左右するのだ。

それほど重要な存在だけに、会社側もサービスの専門家を評価する制度を持たなくてはならない。彼らは、製造業で言えば、いわゆる〝技術屋さん〟である。

ところが、日本のホテルは、社歴が長くなった社員を管理職に収めてしまう傾向がある。折角、サービスの腕を磨いてきた人を現場から離してしまうのである。これほどもったいない話もない。

そこで私どもでは、一九九六年度に新しい人事制度を導入した。言わば、復線型人事制度だ。管理職を目指す社員と専門職を目指す社員を分け、それぞれを別の基準で評価するのである。これにより、専門職は数値管理や労務管理に煩わされることなく、接客に専念できるわけだ。

ともかく、腕で勝負するスペシャリストを正当に評価する昇給制度の整備がこれからもますます求められるだろう。

日本ホテル協会の会長になって

さて本書の最後に、先述したことでもあるが、日本ホテル協会の会長在任時（〇五年三月から一〇年三月まで）のことについて、改めて触れておきたい。

私がその職を拝命して真っ先に行なったことは、十二支部を回って、会員ホテルから要望を聞くことであった。なぜ、そうしたのか。会員ホテル数が減少の一途を辿っていたからだ。その背景には、時代の変化が激しくなり、協会運営が難しくなった状況があった。そこで、私は、会員ホテルの要望を直接聞くことで、会員数を増やすことを目指したのである。

要望の一つは、前述したように、教育・研修に対するものであった。

それまでにも、協会では年四回の研修プログラムを設け、幹部人材の育成に対する会員各ホテルの求めに応えてきた。経営者や総支配人を対象にした「トップセミナー」（年一回）、部長・課長などの中堅管理職向けの「幹部教育セミナー」（年三回）などを行なってきた。

それらに加え、新たに設けたのが「ホテルマネジメント養成プログラム」である。経営管理や人材管理、衛生管理に焦点を絞り、将来の総支配人養成を目指して専門性の高い教育を行なう新講座で、〇六年八月から開始した。

初回の受講者の声を聞くと、「一方的な講義ではなく、明確な役割分担がなされた仮想のホテル経営を体験し、自らの分析が結果となって表われる点が良かった」、「少人数で、全員参加型であることが良かった」、「これまでに受けたことがない講習で、実務に合わせた内容がたいへん良い勉強になった。他のスタッフにも受けさせてあげたいと思った」などと、たいへん好評だった。

そして、もう一つの人材育成策が「ホテルウエディングコーディネーター（HWC）育成認定資格制度」の創設である。

これは、多くの会員ホテルから「ホテルウエディングに最適な人材育成および定着対策を行なってほしい」という強い要望があり、協会で取り組んだものである。〇八年に第一回「HWCワークキャンプ（講習会）」を開いてスタートした。受講者は三十ホテルから三十六人に上った。

また、人材育成のほか、共同購買による経費削減においても、協会が果たす役割が大きいと考え、NHKの受信料や音楽著作権料を協会でまとめて徴収し、団体割引を受けられるように改善した。

時代を反映させたものとしては、今日の高齢社会に向けて、ＡＥＤ（自動体外式除細動器）の設置を推進したこと、そして、〇六年度に創設した「個人情報取扱事業者保険」の団体制度がある。これは、個人情報が漏洩《ろうえい》し、またはその恐れが生じたことにより、ホテルが負担する損害を保険で補塡《ほてん》するもので、会員ホテルの経済的負担を少しでも軽減する必要があると考え、この制度を設けたわけである。

協会の存在を世にアピールするためのイベントも開催した。協会が後援する形で〇五年に三越日本橋本店で行なった「世界のホテル逸品グルメフェア」である。会員ホテルが中心になって二十二のブース（うち一つが協会のブース）を設け、自慢の料理やスイーツを六日間にわたって販売したもので（イートイン席も付設）、これが大好評で、翌年以降も開催できた。三越日本橋本店と一流ホテルの客層が一致したことが人気の要因であったろう。

ところで、こうした活動のほか、私が在任中の〇九年に協会が創設百周年を迎えたことも印象深い出来事であった。

その記念祝賀会で、私は「明治以来、日本ホテル協会が目指してきた観光立国の実現と観光業の発展に向け、今後いっそう積極的に取り組みます」と決意を表明、また、その直前に開かれた秋季通常総会で「各支部長や会員ホテルの皆様のご尽力により、十余年ぶりに会員数が大きく増加に転じ、本年度はこれまでに合計二十七ホテル、春季総会以降十三ホテルのご入会をいただいております」と述べることができ、一つの達成感を感じた。

実は、私が会長職を拝命したとき、重い責任を感じるとともに、少しでもホテル業界および協会発展に貢献できたら、と思い、奮い立ったものである。長年、自分が身を置いた業界だけに、この新しい仕事を前向きに捉え、ロイヤルパークホテルの会長職と両立できるように努めようと考えたのである。

そうした私自身の思いと関係者の皆さんのご協力とが合致して、会員数の増加という成果が得られたのかもしれない。

それはともかく、政府が観光立国策を推進する中、ホテル業界、わけても日本ホテル協会の会員ホテルが果たす役割は年々、増してきており、今後もその役割を全うすることを期待している。

エピローグ――理想のホテル、その条件

私が四十六歳のときである。東京ヒルトンの総支配人に就任した直後、病に倒れ、ホテルの近くの病院に入院した。

入院生活は数ヵ月に及んだろうか。その間、決済をしなくてはならず、秘書に毎日書類を持ってきてもらった。私が書類に署名をしていると、看護師さんから「何をしているんですか」と、いつも注意されていた。そんなことが懐かしく思い出される。

退院すると、ハンデルさんは私に気を遣ってくれた。最初の一ヵ月間は午前中までとか、二ヵ月目は午後三時までとか、徐々に仕事のペースが戻るようにしてくれた。

こうした経験があったので、私もロイヤルパークホテルでは、病を得ながらも無事に退院したスタッフに対して、同様の気遣いに努めた。退院直後は「また会社のために頑張ろう」と思い、無理をしがちなので、徐々に現場復帰できるように現場には言い含めた。

優秀な人材を守るためには当たり前のことかもしれないが、こうしたことを教えてくれ

たのもハンデルさんだった。七十歳を過ぎても元気に仕事ができるのは、ハンデルさんのお蔭だと思っている。

二〇一〇年、私はロイヤルパークホテルの会長職を退いた。七十歳を迎えたときのことで、体力的には問題はなかったものの、さすがに退け時と感じた。

実際、会長を務めた三年間も、朝からロビーに立ち、レストランを見回り、それからまたロビーに戻り、「Have A Nice Day」と言って、お客様を見送った。そして昼食時にはまたレストランを見回り、夕方には再びロビーに立った。必要とあれば、お客様の接待の場にも出た。総支配人、社長時代と変わらないような毎日を送っていた。

それにしても、なぜ、判で押したようなこの行動がとれたのかと聞かれそうだが、これは、半世紀近くホテルで働いた中で自然と身についた習慣であった。それだけに、会長を退職した際は、一抹の寂しさを覚えたものである。

さて、本書は、その長きにわたったホテリエ人生の中で、ロイヤルパークホテル時代の活動を中心に記したものだ。前著『ホテルの基本は現場にあり！』との重複を最小限度に抑えながら、回想した。

本書をまとめるに当たって、過去の資料をひもとき、企画担当者が作成した年表を辿って振り返ってみたが、実にさまざまなサービスや企画を実行したものだと、我ながら感心した。しかも、"業界に先駆けて"とか、"早い段階で"というのも少なくなかったようだ。今日、変化の激しい時代では、ホテルも新しいことに取り組んでいかないと、市場から取り残されていくのは明らかだ。もしかしたら、的外れなサービスになるかもしれない、あるいは、この企画は失敗するかもしれない、と慎重居士を決め込んでいたら、何もできずに、ジリ貧状態に追い込まれていたに違いない。

ところで、総支配人の条件は四つあると言われている。①decision making（決断力）、②flexibility（柔軟性）、③delegation of authority（権限委譲）、④speed（迅速性）である。私は、この条件をヒルトン時代から言い聞かされてきたが、今日でも通用する四条件であり、私自身、講演会でも言い続けてきたことである。

したがって、この四条件を備えていなかったら、私は、先に述べたような新しいことには挑戦できなかっただろう。

失敗したこともあった。

鉄板焼が好調だったので、一九九三年、飯倉寄りの六本木に鉄板焼「すみだ」を出店した。一種の広告塔とも考え、内装も立派にしつらえた。

六本木では有名な鉄板焼レストランが繁昌しているという噂も伝え聞いていたので、安心していたが、それが失敗のもとだった。

当時は六本木が変わり始めていた時期だった。"大人の遊び場"というイメージは薄れ、客層の低年齢化が進んでいたのだった。実は、正直なことを言えば、そこまで読み切れなかったのだ。場所が飯倉寄りというのも災いしたかもしれない。

とにかく、失敗は失敗である。それを早い段階で認めて、傷口が広がる前に撤退を決めた。四年ほどの営業期間だった。

「ホテルは総支配人がすべてである」――私の持論である。やや言い過ぎの面もあるかもしれないが、ホテルの良し悪しは、結局のところ、総支配人の力量に比例するのである。スタッフは直属の上司の背中を見て仕事をする。上司は、そのまた上の上司の背中を見て仕事をする。行き着くところは、総支配人の背中である。

だから、総支配人は、ホテルのすべてを背負っていると言うことができる。

その重荷を上手に背負うためにも、先に挙げた四条件が必要なのである。

会議を短時間で切り上げられる決断力、一つの考えに固執せずに、より良い方向へ導く柔軟性、部下を育成し、信頼関係を構築する権限委譲、商機を逸することのない迅速性――これらの四条件を駆使できた者が、理想のホテルに近づけることができると考えている。

かく言う私は、この四条件を常に念頭に置きながら、毎日最低二回、館内を巡回して現場第一主義を貫いてきた。その最たる行為を、私は『ホテルの基本は現場にあり!』で、こう記している。

「館内をまわっているときには、ゴミを見つければ自分で拾うし、コーヒーショップでは、テーブルの片づけに入ることもある」

こういう行為に対して、「会長のすることではない」という声が上がったことも事実だが、お客様にとって、会社の上下関係は何の意味もない。私は、お客様のためを思って館内を回り、様子をつぶさに見て、当たり前のことを当たり前にやってきただけである。

そして実際、この館内巡回から、私は大いに情報を得て、お客様のためになるいくつもの改善点を発見してきた。

また、私はホテルを自分の家のように考えていた。自宅にお客様をお招きしたような気持ちで居心地の良さを整えようとしてきた。そうした思いもあって、いつも館内を巡り、お客様にご挨拶してきたのである。

日によっては、たまたま会議が重なったり、書類仕事が溜まって、机から離れられないときがある。そんなときは、燃焼しきれない気持ちで、私の方が居心地の悪さを覚えたものであった。

館内を地道に見回るという、一見アナログ的な運営法は、実はヒルトン時代に学んだものだった。

私が最初にホテル業界に入ってベルボーイを務めていたとき、総支配人のボンデ氏を一日に何度も見かけた。総支配人室にこもらず、いつも館内を見回っていた。そんな姿を見て、業界のことを知らない私でも「現場を預かる責任者だから、日々の状態を自分の目で確かめ、お客様の反応を肌で感じることが大切なのだろう」と思ったものだ。

私の師であるハンデルさんもそうだった。席が温まる暇がないほど熱心に見回り、その神出鬼没ぶりから、スタッフの間で恐れられたほどだった。

面白いもので、合理主義に満ちたヒルトンの総支配人が一見、泥臭い現場主義を貫いたわけである。

現場を見れば、改善すべき点が自ずと見えてくる。まさに、現場主義こそが、理想のホテルを追求するための理に適った運営法だったのである。

私は、本文でも記したように、欧米流の合理主義を洋才、日本人特有のおもてなしの精神を和魂として捉え、和魂洋才のホテルこそ理想の姿と考えて、二十数年間にわたってロイヤルパークホテルを経営ならびに運営してきた。

プロローグで「和魂洋才のホテルは完成しただろうか」と書いた。だが、その理想のホテルが完成したのかどうか、結局のところ、私には返事ができない。なぜなら、それを決めるのは、お客様だからである。


振り返れば、自分のホテリエ人生は、お客様の満足した表情を見るためにあったと思っている。


「あなたのホテルに宿泊して満足しました。また、ここに泊まりにきますね」

「レストランの食事がおいしかったから、また来るよ」

「サービスが良かった。また来ようと思います」

お客様からこのような言葉を聞くために日夜努めてきたのである。

最近は、学生と接する機会も多くなった。一人でも多くの学生が、お客様の喜びが自分の喜びになるものだということを知ってくれたらと願っている。

そして、そう願う一方で、気がかりなことがある。最近の若者の離職率で、産業別で宿泊・飲食業が不名誉な第一位を記録したことだ（※）。希望に燃えてホテル業界に入ってきた若者が短期間で辞めてしまうというのは、残念でならない。

その原因はさまざまなことが考えられるだろうが、彼らが職場に対して失望を感じたというのであれば、ホテル業界は自らを問う必要があるだろう。

私自身のことを振り返れば、ハンデルさんという師がいたからこそ、頑張れたという思いがあるが、そう考えたとき、では、いまの若者の憧れや目標となるような優れた中堅管理職がどの程度いるのだろうかという疑問が湧いてくる。もし、彼らに、憧れや目標となる先輩がいれば、短期間で辞めることはなかったのではないかと思えてならない。

実は、長年、この業界に身を置いて感じるのは、この漠とした不安である。と同時に、後悔の念も感じている。

私は、新卒者を採用するにあたって必ず最終面接を行ない、人物本位で、つまりその人の適性や将来の可能性を重視しながら、合否を判断してきた。それを四十年近く続けてきた。その方法はいまでも間違ってはいないと思っているが、では、新入社員の目標となるべき中堅管理職を、私自身がどれほど育ててきたかという疑問が頭をもたげてくるのである。

その反省も踏まえながら、私はいま学生に接している。本文でもこれからのホテル業界を担う学生の教育が大切だと述べたが、ホテル業界自身も、若者の離職率を抑えるために中堅管理職の再教育が重要になってきていることに気が付いてほしいと切に願っている。

最後に、本書をまとめるにあたって協力してくださった富田昭次氏について、一言触れておきたい。

富田氏は、長年にわたって外からホテル業界を見つめてきた人物であり、その豊富な知識があればこそ、本書も形になったと考えており、この場を借りて、お礼を申し上げたい。

※ 二〇一三年十月に厚生労働省が初めて若者離職率を公表した。一〇年三月に大学を卒業した若者の産別離職率は、宿泊・飲食業が五一・〇%と最も高かった。

あとがき――富田昭次

本書をまとめるに当たって、中村裕氏が最初に言ったことがある。

「おもてなしという言葉をそのまま世界で通用するようにしたい」

本文でも記されたように、おもてなしをOMOTENASHIとして広めたいというのだ。

私は、この心情に、一ホテリエの立場を超えた氏の大志を感じたものだった。

その大志は、しかし、どこから生まれたものだろう。日本ホテル協会の会長を務めた経験から来るものかもしれない。いや、そればかりではないだろう。恐らく、根っから〝おもてなし好き〟の性格に由来するのではないだろうか。

明治大学を卒業した中村氏は、好きな英語が毎日話せるとあって、旧東京ヒルトンに入社する。希望職種を記入する書類には、お客様に真っ先に接することのできる「ベルボーイ」を第一希望として書いた。第二希望や第三希望に何を書いたかは覚えていないという。かつて私が『東京ヒルトンホテル物語』を書くために取材した際、氏はこう答えている。それほど一途《いちず》な気持ちであったのだろう。

それから、氏はいくつかの部署を経て、アシスタントマネージャーとなる。当時の仕事ぶりを、あるエッセイで回想している。

「コンシェルジュと同様、お客様のよろず相談員で、あらゆるご相談に対処する係である。通訳のご紹介から観光の計画、手配まで何でも承った。整形外科医の紹介を依頼されたこともある。御礼の手紙もたくさんいただいた。こうしたお客様のリアクションは、ほんとうにうれしい。経験した者にしかわからない"快感"である」

氏は何度も快感を味わった。だから、

「一度人を満足させることの喜びを知ったら、この商売から足を抜くことはできない。私が格好の例である」

と締めくくっている。

氏のおもてなし好きの性格は、こうした経験から養われたものであったに違いない。

本書は、そうしたおもてなし好きの氏が心底打ち込んだホテルづくりの記録である。下町の風情が漂う土地に、国際的な高級ホテルを根付かせるという大胆な挑戦の記録だ。

その過程の印象を一口に言えば、正統派の衣を着せながら、その中身を斬新なアイデアで満たしてきたという道筋であった。本道を歩みながら、常に顧客満足を追求してきた姿勢である。

そう口にして表現するのはたやすいことだが、何事も一から始めなくてはならなかった。伝統も実績もないホテルを、国際的に知られる存在にし、迎賓館や首相官邸のサービス・ホテルの仲間入りを果たした、それまでのご苦労はいかばかりであったろう。

だが、氏のホテル業界に対する熱い思いは、功成り名を遂げたいまでも、一向に衰えるところが見られない。それは、人徳であろうか、おもてなし好きの性格のなせる技なのか。

いずれにせよ、氏が願っているOMOTENASHIの世界的な普及を、当方も願うばかりである。

年表

年	ロイヤルパークホテルのおもな出来事	中村 裕のおもな出来事
88年		4月 三菱地所株式会社入社 株式会社ロイヤルパークホテルへ出向、総支配人に就任 6月 ロイヤルパークホテル代表取締役専務総支配人に就任
89年	6月 ロイヤルパークホテルが開業	
90年	11月 イタリア・フードフェア開催 （初のフードフェア） 地下鉄半蔵門線・水天宮前駅が開業	
91年	7月 第1回ベストスマイル・ベストワーク賞を実施	
92年	9月 自衛消防隊男・女隊初めてともに優勝	
93年	2月 六本木に鉄板焼「すみだ」を開業 8月 春風亭小朝独演会（第1回）開催	
94年	4月 ドイツへの海外研修を試験的に実施	

	12月	サミット・ホテルズ&リゾーツに加盟		
95年	4月	仙台ロイヤルパークホテルが開業		
	5月	ドイツへの海外研修を本格実施		
	11月	夢の晩餐会「15の星のガラディナー」を開催		
96年	7月	第1回社内パンケーキコンクールを実施	9月	ロイヤルパークホテル副社長に就任
	9月	第1回社内カクテルコンペティションを実施		
97年	2月	初のベトナム・フードフェアを開催		
	6月	コーネル大学サマースクール海外研修を実施		
	11月	ウーマントラベラーズデスクを設置		
98年	4月	ロビーにワークセンターを開設		
	8月	15階をエグゼクティブフロアに改装 （都内ではエグゼクティブフロアの 割合が最も高いホテルに） 「オルフェウス」、および4階のチャペルを改装 「サロン ドラ・プレリー」直営で開業		
	10月	ルームサービスでホームサービスを開始 「耕雲亭」で将棋王座戦の対局が行なわれる		
	11月	第1回社内ラッピングコンテストを実施		

99年	3月	香港（アイランド・シャングリ・ラ）海外研修を実施		
	4月	アメリカ（ストーンヘッジイン）海外研修を実施		
	8月	客室テレビにインターネットや		
		ビデオオンデマンドなど機能充実		
	10月	初の公邸料理人をワシントンの日本大使館に派遣		
00年	3月	インターネットセールス係を新設	4月	三菱地所常務取締役に就任
	4月	e・ネットセールス課をマーケティング部内に設置	6月	ロイヤルパークホテル社長に就任
	8月	ロビーのワークセンターを拡張	11月	ロイヤルパークホテルズアンドリゾーツ
		全客室にセーフティーボックスを設置		社長に就任
		「源氏香」和広間を洋個室2室に		
		全館高速インターネット接続サービス		
01年	1月	宴会場に回転寿司コーナーを設置（1～3日）	4月	国土交通大臣表彰を受賞
	8月	チャペルを改装		
		ロイヤルパークホテルズ・カクテルコンペを開催		
	10月	「シンフォニー」でシニアサービスを開始		
	12月	プレジデンシャルスイートを改装		
		18階のミーティングルームを増設		
02年	6月	フィデェリオ・フロントシステムを導入	4月	ロイヤルパーク汐留タワーの社長に就任
03年	7月	ロイヤルパーク汐留タワーが開業	4月	三菱地所常務執行役員に就任

04年

8月　高速ランドリー24時間対応可能に
宴会場「瑠璃」を改装
17・18階のエグゼクティブフロアを改装

12月　品質向上委員会が発足

1月　15・16階のエグゼクティブフロアを改装

3月　ISO14001の認証を取得

4月　散策マップ「ディスカバー江戸下町」が完成

6月　毎週金曜日に着物着用のスタッフによるご案内を開始

8月　「桂花苑」を改装

9月　客室にRoyal Cyber Information Service の導入を開始

10月　集中予約センターが本格稼働

12月　正面玄関に人力車を常時展示。車夫による周遊を開始

05年

2月　ホームページ上に「東京のお土産」ページを開設

3月　日本ホテル協会会長に就任

9月　宴会場「クラウンルーム」と8～9階客室、「サロンドラ・プレリー」を改装

12月　水天宮の戌の日に、戌の日限定商品として「子宝ダニッシュ」と「桃饅頭」の販売を開始

06年

5月　全客室に分別ごみ箱を設置

07年　08年　09年　10年　13年

7月　大宴会場「ロイヤルホール」を全面改装

9月　1階メインロビーを全面禁煙化して
　　2階ロビーに喫煙室を設置

6月　プライバシーマーク認証を取得

9月　「シンフォニー」を改装

1月　ATMサービスを開始。
　　1階メインロビーにセブン銀行ATMを設置

4月　ロイヤルパークホテル会長に就任

10月　東京都功労賞を受賞

2月　Yokoso! Japan 大使に任命

4月　ロイヤルパークホテルズアンドリゾーツ
　　顧問に就任

7月　公邸料理人派遣の功績により、
　　外務大臣表彰を受賞

中村　裕（なかむら・ゆたか）
1940年東京都生まれ。63年、明治大学政経学部卒業後、東京ヒルトンホテル入社。グアムヒルトン営業支配人、東京ヒルトン・インターナショナル総支配人などを歴任。88年、三菱地所に入社、ロイヤルパークホテルに出向し、総支配人に就任。三菱地所常務取締役、ロイヤルパークホテル社長・会長、ロイヤルパークホテルズアンドリゾーツ社長、社団法人日本ホテル協会会長などを歴任。2011年、ホスピタリティ ツーリズム専門学校校長に就任。著書に『しゃべれない人のホテルでの英語 一流ホテル自由自在』（KKベストセラーズ）、『ホテルの基本は現場にあり！』（柴田書店）がある。

富田　昭次（とみた・しょうじ）
1954年東京都生まれ。作家、ホテル・ジャーナリスト。ホテルや旅行・交通文化、また、それぞれの歴史に関する著述が多い。近年の著作は『日本ホテル協会 百年の歩み』（本編執筆・日本ホテル協会）、『サービスはホテルに学べ』（光文社新書）、『旅の風俗史』『ホテル博物誌』『ホテル百物語』（いずれも青弓社）、『鯨を釣る男 天才ホテリエ マイク近藤の生涯』『キャピトル東急ホテル物語』『ホテル日航東京 ウエディングにかける橋』（いずれもオータパブリケイションズ）。

理想《リソウ》のホテルを追《オ》い求《モト》めて

—ロイヤルパークホテル 和魂洋才《ワコンヨウサイ》のおもてなし—

2014年4月28日　第1刷発行

著　者　　中村　裕／富田　昭次
発行者　　太田　進
発行所　　株式会社オータパブリケイションズ
〒105-0001 東京都港区虎ノ門1-19-5 虎ノ門1丁目森ビル
電話 03-5251-9800
http://www.ohtapub.co.jp/
印刷・製本　富士美術印刷株式会社

ISBN 978-4-903721-43-9　定価はカバーに表示してあります。